JN158208

# 精神科医が教える
# すごい勉強法

和田秀樹

SOGO HOREI PUBLISHING CO., LTD

# はじめに

## 「頭がいい人になりたい」

この本を手に取っている読者の多くは、そんな思いを持っているのだと思います。

学生時代を思い返してください。

毎日しっかりと勉強しているのに成果があらわれない人、あまり勉強しているように見えないのに成績がいい人、どちらのタイプの人も学校にいたと思います。

両者の差は何でしょうか？

それは、**正しい勉強法、勉強のやり方を知っていたかどうか**なのです。

「勉強法を知っていれば成果が出るのは当たり前だ」と思われるでしょうか。

それでは、勉強をする場所である学校、あるいは教育の機会を与える家庭で「勉強のやり方」を教わったことがあるでしょうか。

ほとんどの人は、効果が出やすい体系的な勉強法を教わることがありません。

大切なのは、**勉強のやり方**なのです。

1987年に『受験は要領』という本がベストセラーになったことを皮切りに、多くの受験生、ビジネスマンが効果が出る勉強法を求めて私の本に触れてきました。

本書は、とくにビジネスマンに向けて、脳の力を最大限に引き出し、ムダなく成果が出る勉強法をまとめたものです。


勉強のやり方を学ぶと、いくつになっても頭をよくすることができます。

勉強のやり方を変えると、昨日よりも今日、今日よりも明日の自分が賢くなれます。

本書を通じて、豊かで充実した日々を送る手助けができれば、著者として幸甚この上ありません。

序章

# すべての勉強は「やり方」が成否を決める

## 第2章

# 頭がいい人は自分の能力特性を知っている

# 第3章

# AI時代を生き抜くための勉強

# 第4章 やる気、習慣を味方につけて実行力を磨く

# 第5章
# 和田式最速最短で結果を出すテクニック

序　章

# すべての勉強は「やり方」が成否を決める

なぜ、人によって勉強の成果で差が生じるのでしょうか。私たちは成果が出ないと、脳に問題があると思いがちです。ところが、本当の問題は勉強の「やり方」にあるのです。この章では、勉強法を知り、実行することのメリットを解説します。

# ほとんどの人が「勉強のやり方」を間違えている

## うまくいかないのは「やり方」を間違えているから

勉強しても成果が上がらないと、たいていの人は「自分の頭が悪いからだ」と考えます。

しかし、頭がいいとか悪いということは、多分に「思い込み」だと私は思っています。

極論を言えば、どんな人でもサルよりは賢いのです。脳の機能的な障害などがない限りにおいては、学歴の高い人であれ低い人であれ、言葉が使えて計算もできる時点で、知能の差などほとんどないと言っていいでしょう。

それでは、なぜ勉強しても成果が上がらないということが起こるのでしょうか。

## 一番の原因は、勉強の「やり方」を間違えていることにあります。

多くの人が、勉強の「やり方」を習わず、我流で行っています。ノートの取り方や時間の使い方といった基本的なことすら習っていないのです。

たとえば、勉強以前の日本語の習得にしても、幼児期に親から日本語の学び方を教えられ、それを実践して理解できるようになったわけではなく、いわば独学で身につけています。

同じ日本語を使っていても、人によって言葉の受け止め方、理解のしかたに差異があるのはそのためです。

自分が話したことを、相手が自分の思う通りに理解してくれないとき、相手がバカに見える、ということがあります。「話が通じない」のは、自分と相手では言葉の受け止め方が違うからです。私たちが独自に言語を習得してきている以上、そのような理解の限界が生じるのは仕方のないことでもあります。

勉強についても、やり方を習わず我流で行っていることで、理解が限定的になっていたり、そのこと自体に気づいていなかったりする可能性も考えられるのです。

## どんな天才も「やり方」の習得が必要

「やり方」について、スポーツを例に考えてみましょう。
ゴルフの初心者がクラブを勝手に振り回し続けても、ボールが前に飛ぶようにはなりません。前に飛ぶような振り方をコーチに習ってから、それを繰り返すことで飛ばせるようになるのです。

**イチローのような「天才」と呼ばれるバッターですら、最初は打ち方を習って練習します。**

漫画『あしたのジョー』の主人公・矢吹丈も、元プロボクサーの丹下段平から伝授される通りに、左ジャブからひとつずつ順番に打ち方を練習することで、不良少年から一流のボクサーへと成長していきました。いくら彼が天才とはいえ、丹下段平は彼にいきなり好き勝手にサンドバックを打たせたわけではないのです。

## 「考える」ためには「材料」が必要

多くの教育者が、「勉強するときには自力で考えることが大切」と主張します。ところが私は「数学のわからない問題は、いつまでも考え続けるのではなく、答えを見て覚えたほうがいい」と多くの受験生に指導してきました。

ここで大切なことは、**「自力で考える」には、そのための材料が必要**ということです。

将棋の藤井聡太六段の思考力には誰もが驚嘆しますが、彼は14歳でプロになるまでに膨大な棋譜、つまり「将棋の指し方」のパターンを覚えてきたのです。インプットした棋譜の中から、局面に応じて近いパターンを抽出し、あてはめてみる。それを高速で何千通りも行い、最善手を見つけ出す。それが彼らにとっての「考える」ということです。無から有を生むようなひらめきで駒を打っているわけではありません。

数学の答えを見て覚えることもまた、「問題の解き方」のパターンを仕入れ、それを使って「考える」ことが可能になるのです。

つまり、解法や棋譜のような材料があってはじめて、「考える」ことができるのです。

スポーツであれ将棋であれ、「やり方」があって、それを習うことで勝者になるのに、勉強はノートの取り方ひとつとっても、やり方を習っていない人がほとんどです。**やり方を知らずに「できない」人が「できる」ようになることはあり得ません。**

## 「できないこと」は「やり方」で攻略する

私は子どもの頃からスポーツが嫌いで、いまも一切やりません。そうなったきっかけは、小学校1年生のときに、鉄棒の逆上がりがどうしてもできなかったことです。

最近になって、子ども向けのスポーツ教室を展開している会社の社長にその話をしました。するとその社長は、「うちの会社なら、逆上がりができない子に、できるように教えられなかった指導者はクビですね」と言っていました。

つまり、どんな子でも逆上がりができる「やり方」はある。少なくとも彼らにはそういう信念があって、できるかできないかは、子どもの運動能力ではなく、そのやり方を自力で見出すか、あるいは人に教わる機会があるかどうかの問題だというのです。

**人が「できない」と思っていることの9割ぐらいは、コツややり方を教われればできるようになるものだと思います。**

ましてや大人の場合、子どもの勉強と違って、何もかもできるようになる必要はありません。あるやり方を試して、できるようになったことがひとつでもあれば、それを武器にすればいい。**「やり方」を知れば、それだけ「勝ち組」に近づけるのです。**

# 「やり方」と合わせて「能力特性」も知る

## 子どもの成長と能力特性

人はそれぞれ「**能力特性**」というものがあります。

たとえば記憶力はいいけれど考える力に乏しい、あるいはその逆といったことです。

**実は、幼い子どものうちは誰もが記憶優位の特性を持っています。**記憶力が抜群で、まわりの大人がしゃべっている言葉を聞き、それを文法などの理屈抜きに丸ごと覚えることで、言葉を習得していきます。語学習得で一番理想的なのは、そのように文章を丸ごと覚えることなのですが、大人になってからそれをするのはかなり難しく、いくら聞き流す語学教材などを使っても簡単には話せるようになりません。しかし子どものうちは、それができてしまいます。

その一方で、考える力が子どもの時代には十分に備わっていません。それがうまく備わるのはだいたい9歳ごろ。この時期を過ぎると抽象思考が可能になり、文章の読解や算数の文章題など、比較的難度の高い問題ができるようになります。

これが「**9歳の壁**」と呼ばれるものです。

## 能力特性に合わせた勉強

しかし、この「9歳の壁」を超える時期には個人差があります。まだこの壁を超えていないうちに中学受験の塾に行かせたりすると、勉強にまったくついていけないという悲劇が起こりがちです。その結果、「自分はバカだ」と思い込んでしまう子どもが大量に出るのがこの時期なのです。これは大きな問題です。

「9歳の壁」を超える前の子どもは、前述のとおり単純記憶力がきわめて高い状態にあります。たとえばこの時期に、漢字や歴史の年号などを大量に覚えさせれば、相当な量を覚えることができます。それによって、その子は自信を失わずに済むかもしれません。その後、ほかの子より遅れて「9歳の壁」を超え、そのあとに思考力が必要な勉強を始めたとしても、すでに暗記している知識が多ければ、それを武器に中学受験で他の受験生に勝てる可能性も高くなります。

このように、子ども個人に合わせた勉強をさせるべきなのに、塾の勉強のほうに子どもを合わせようとして、結果的に子どもを潰してしまうケースはよく見られます。**大人の勉強でも、自分の能力特性に合わない勉強のしかたをしていて、そのためにうまくいかないということも多いのではないでしょうか。**

## 図1 「9歳の壁」と能力特性

### 9歳の壁を越える前の子どもたち

**能力特性的に向いていること**

- ■単純記憶力が高い
- ■暗記型の勉強をすれば、9歳の壁を越えた後に強力な武器になることも

**能力特性的に向いていないこと**

- ■無理やり勉強させると、勉強に苦手意識を持つことも
- ■考える力が十分に備わっておらず、抽象思考が苦手

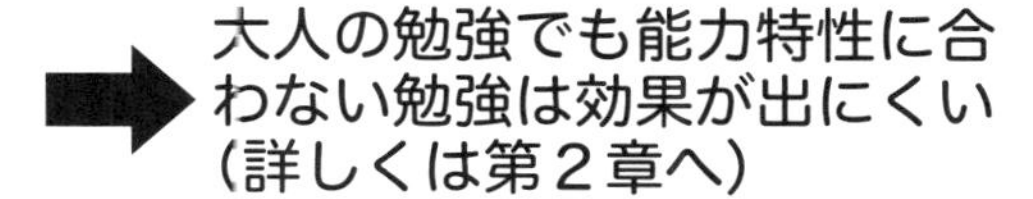

# 勉強法が人生観を変える

## 「上位3％」には簡単に入れる

「日本人は勉強が好き」とよく言われますが、私はこれも疑わしいと思っています。

総務省統計局の2017年12月時点での調査によると、いまの日本には、ビジネスパーソンと呼ばれる人が約6500万人います。一方で、ビジネス雑誌の実売部数は、全誌合わせても70万部程度と聞きます。1冊を3人ほどが回し読みすることを考慮しても、読者の総数は200万人ほどと推計できます。

つまり、ビジネス雑誌を読んでいるのは、ビジネスパーソンのおよそ30人に1人に過ぎません。言い換えれば、**ビジネス雑誌を読むだけで、「30人に1人」になれるということです。**

つまり**ビジネスパーソンの「上位3%」に入ろうと思えば、何の特別な努力もなしに入れてしまう**のです。

東大に入るのは、きわめて少数のトップエリートと思われています。東大に入る人は、単純計算で同学年人口の400人に1人ぐらいです。大学受験をしない人が半数いると仮定すると、実質的には200人に1人程度と考えられます。

それでも途方もなく大変なことのように感じられるかもしれませんが、前述のとおり、ビジネス雑誌を読むだけで「30人に1人」には自動的になれるわけです。あとは勉強のやり方を工夫すれば、トップエリートのレベルに入るのはそう難しいことではありません。本書のような勉強法の本は、ビジネス雑誌以上に読者数が少ないので、これを読んで実践するだけで「勝ち組」に入れる可能性は高くなります。

## 勉強法を変えると成功し、勉強が好きになる

どんなに頭がいいと言われる人でも、勉強のやり方を習っている人にはまず勝てな

いはずです。**それなのに多くの人がやり方を求めようとしないは、やり方を学ぶことによって成功者になるという経験をしていないからです。**

私は1987年に『受験は要領』という本を上梓したのを皮切りに、和田式の受験勉強法の本を多く世に出してきました。それが売れるにつれ、「和田式受験勉強法は『ただ受験に合格すればいい』というやり方だから、大学に入ってから勉強しなくなる人間を量産しているようなものだ」と批判を受けるようになりました。

私自身も大学に入ってから勉強しなくなったクチなので、その批判もまったく的外れとは思いません。

しかし、ここにひとつ興味深い事実があります。

私が2000年に上梓してベストセラーとなった『大人のための勉強法』という本の読者の大半が、かつて和田式受験勉強法で大学に合格した人たちだったということです。

このデータはすなわち、「大学に入ったら勉強しなくなる」と予測されていた人たちの多くが、大人になってからも勉強法を求め、勉強しようとしていたことを実証するものです。勉強法を変えることで成功体験をした人たちは、その後もやり方を求める。あるいは勉強を好きになるのです。

**やり方を学ぶことによって成功したという経験をすることで、何かに行きづまったときにやり方を求めるという人生観を持つことができます。**

これが勉強法を学ぶ最大のメリットなのです。
うまくいかなかったときにやり方を求めるということをすれば、大半のことは切り抜けられるはずです。そして、どんな時代や環境でも、しぶとく生き抜いていける人間になれるのです。

# 第1章

# 「朝の脳」「夜の脳」で1日の密度を倍にする

## 〜タイムリー勉強法

人間の脳は時間帯によって特性があります。ただがむしゃらに勉強をしていれば成果が出るわけではないのです。この章では、勉強時間を生み出し、効率を上げる方法と、時間帯に合わせて脳をムダなく使いこなす「タイムリー勉強法」を解説します。

# 勉強時間は誰でもつくれる

## 「時間がない」なんてことはない

「時間がない」というのは現代人の口ぐせです。しかし、果たして本当に「ない」のでしょうか。

仮に1日12時間働かされるブラック企業に勤めているとして、通勤に片道1時間かかったとすると、仕事にとられる時間は1日14時間。睡眠を7時間とったとしても、食事や風呂などの時間を差し引いて、1日2時間程度は自由に使える時間があることになります。

さらに言えば、通勤の往復時間も活用することができます。

いまのご時世、スマートフォンや携帯プレイヤー、タブレットなどを使って、移動しながら勉強することは当たり前にできます。

通勤電車の中で勉強するのは無理ということなら、普段家で見ているテレビ番組などを録画しておき、スマートフォンやタブレットを使って電車の中で見るようにすれば、家でテレビを見ていた時間を勉強時間にスライドさせることもできます。

**このように、時間は「ないように見えてある」ものですし、工夫しだいでつくれるものでもあります。**

# 勉強時間を増やす2つの方法

勉強時間を増やしたいなら、その方法は2つしかありません。

ひとつは単位時間あたりにできる勉強量を増やす、つまり効率を上げること。

もうひとつは、1日の中で勉強に組み入れられそうな隙間時間を見つけるなどして、時間そのものを増やすことです。

## ①時間あたりの効率を上げる

後述しますが、時間をつくるために睡眠時間を削ることは避けるべきです。必然的に、時間そのものをつくることには限りがあります。

**意識したいのは、時間あたりの効率を上げることです。**勉強時間を3時間から6時間に増やすのは至難の業ですが、3時間で6時間分の勉強をすることは、やり方しだいで可能です。

序章でもお話ししましたが、和田式の暗記数学は、1時間わからない問題を考えるのではなく、5分考えてわからなければ答えを見て覚えるというものです。そうすれば1時間で6問解くことができる。つまり、1時間が6倍になるということです。このような工夫をしなければ、受験で勝つのは難しいのです。大人の勉強においても、単位時間あたりの勉強量を増やすことを考える必要があります。**大切なのは、勉強の時間より量なのです。**

## 勉強量を増やす「休み」の力

また、**「時間より量」を意識するなら、ぶっ続けで勉強するより、適度に休みを入れるほうが効率的です。**

アメリカに留学したとき、私が驚いたことのひとつは、アメリカの医師が50分働いたら10分休みをとることでした。そのほうが50分の仕事の効率が上がると考えられているのです。

日本の学校でも、1時間弱の授業時間の合間に10分程度の休み時間を入れているのは、そのほうが集中力を保ちやすいということが経験的にわかっているからです。

1週間のうちに1日でも休みをとることも大切です。かつてのアメリカの奴隷制度においてさえ、奴隷には1週間に1日休みが与えられていました。休みなく働かせると心身を壊すリスクが高くなったり、作業効率が落ちて、相対的に労働量が下がったりするからです。

休みを入れることも含めて、効率的な時間の使い方を意識することが必要です。

## ②隙間時間を徹底的に探す

1日の中で有効に使われていない隙間時間は、実はかなりあります。その活用は、まず隙間時間を見つけるところから始まります。

そのヒントになるのが、２００７年に話題になった「レコーディング・ダイエット」です。

評論家の岡田斗司夫氏が提唱したこのダイエット法は、朝から晩まで自分が食べたものをひたすら記録するというものです。それによっていかに自分が「無駄食い」をしているかを自覚し、食生活の改善につなげることができます。

同じように、**朝から晩まで自分がその時間に何をしていたかを記録すると、無駄な時間がたくさんあることが見えてきます。**

朝6時45分に起き、15分ダラダラして、トイレに2分、というように、分単位で逐一書き出します。これを数日行えば、おおよその傾向がわかります。この作業によって日々の無駄な時間が可視化され、その中で勉強に転化できる時間がどれくらいあるかもはかることができます。

**図2　１日の行動を記録して隙間時間を探す**

**ある１日の行動**

06:45　起床
07:00　**スマホでSNSをチェック**　スキマ
07:05　歯を磨く
⋮
08:25　**ボーっとしながら電車を待つ**　スキマ
08:30　電車に30分乗って通勤
⋮
14:00　**得意先までタクシーで移動**　スキマ
14:20　得意先のロビーで10分待つ
⋮
20:00　帰宅
21:00　**ダラダラとテレビを見る**
23:30　**ネットサーフィンをする**　スキマ
24:30　就寝

１日の行動を記録すると、隙間時間が可視化される。

## 1分でも勉強はできる

**次に、見つけた隙間時間でそれぞれ何ができるかを考えます。**

たとえば1分、3分、5分、10分、30分といった細切れ時間があったら、それぞれ何ができるでしょうか。

「1分なんて何もできない」と思うかもしれませんが、実は1分というのは、思っている以上に長い時間です。

私はラジオ番組に出演していますが、ラジオで時報まで1分くらいしか時間がなくても、ひとつの話はできます。テレビの場合はもっと短く、1分もコメントするのはまず許されません。

テレビの情報番組などを見ていれば、ほとんどのコメンテーターは1分もしゃべっていないことに気づくと思います。5分のコーナーで、そのうち2~3分はVTRを流し、それを受けて4人のコメンテーターがそれぞれ話すとなれば、1人あたりの持ち時間はせいぜい数十秒というところです。

１分あれば、「簡単なメールの返信をする」「短い文章に目を通す」「単語をひとつ覚える」など、いろいろなことができます。

３分ともなると、さらにいろいろなことに使えます。３分話すだけでも、４００字詰め原稿用紙３枚分ほどの文字量が必要になりますから、かなり大変です。結婚式のスピーチでも、５分話されたら相当長いと感じるはずです。

文章を読むスピードでいうと、１分でだいたい原稿用紙２枚分（８００字）の文章が読めるはずです。週刊誌１ページの文章量が１２００字程度ですから、１ページを読むのに１分半はかからないと思います。４ページの特集でも、５〜６分もあれば読めるでしょう。

このように、短い時間にできることは、思いのほかたくさんあります。もちろん個人差はありますが、**それぞれの時間に自分は何ができるかをつかんでおくと、時間が**

**空いたときにそこに組み込んでいくことができます。**

まず、使える時間がどれぐらいあるかを知り、次にその使い道を考えます。たとえば、朝の通勤時に電車を待っている時間が毎朝5分あるなら、新聞でも週刊誌でも、その5分で読めるものを用意して読む。あるいは資格試験の勉強なら3問解くとか、前日にやったことの復習をする。10分の空き時間があれば企画書の手直しをする、30分あれば本を20ページ読む、というふうに、隙間時間を有効利用することを考えてみてください。

# 「朝の脳」と「夜の脳」を使うタイムリー勉強法

たとえば朝と夜に1時間ずつ勉強時間がとれたとして、どちらも同じことをすればいいかというと、そうとは言えません。

最近の脳科学の研究で、人間の脳の特性は時間帯によって違うことがわかってきています。**朝と夜では脳の働き方が異なるので、それに合わせた勉強をするのが合理的です。**

## 「朝の脳」は考える勉強に最適

まず明らかなのは、**疲れれば疲れるほど脳の働きは悪くなる**ということです。脳がもっとも疲れていない時間帯といえば、睡眠をとったばかりの朝です。

しかし、多くのビジネスマンは、この時間帯に満員電車で体力を消耗してしまい、せっかくの「朝の脳」のよさを活かせていません。

通勤で疲れないようにするために、職場の近くに住むことができれば理想ですが、それが現実的ではないのであれば、朝早く起きて通勤前に勉強することをすすめます。

早く起きるには、早く寝るに限ります。昨今のテレビは遅い時間にバラエティ番組が多く、わざわざチェックする必要のある番組も少ないので、23時に寝ることにしても不都合はあまりないはずです。23時に就寝すれば、6時間睡眠をとったとしても5時には起きられます。7時半に家を出るとしても、2時間ほど勉強ができるわけで、それを週5日行えば10時間ですから、かなりの勉強量になります。

朝は、パッと布団から出てしまいましょう。起き抜けのルーティーンを決めるのも有効です。コーヒーを飲む、シャワーを浴びる、軽い運動をするなど、睡眠からの切り替えを大切にします。

脳が疲れていない朝は「頭がさえている」状態ですから、それをうまく使って「**考える勉強**」をします。「資格試験の問題を解く」「難しい思考を伴う読書をする」「企画のアイデアを練る」といったことを、朝に行うといいでしょう。

## 朝食は必ずとる

考える勉強は、脳のエネルギーを消費します。朝起きたらまず、脳の栄養であるブドウ糖を摂取しておきたいものです。

パンやごはんなどの主食のある朝食をとるのが望ましいですが、バナナ1本でも食べるようにしたほうがいいでしょう。

「百ます計算」で知られる教育者の陰山英男先生が提唱されているように、「**早寝早起き朝ごはん**」は、学習効率を高める生活スタイルの基本です。

勉強のための食生活という見地から言えば、炭水化物などの摂取を制限する「糖質抜きダイエット」は、絶対に行うべきではありません。

摂取したエネルギーの2割は脳が消費しているのですから、しっかり勉強して頭を使っていれば、多少食べていても太ることはまずありません。東大合格者数トップの女子校では、太っている生徒はまず見かけませんし、私自身も受験生のころはガリガリにやせていました。勉強こそが最高のダイエットなのです。

## 「夜の脳」は記憶型の勉強に最適

夜は「記憶型の勉強」をするのに向いています。

人間の脳は、夜寝ている間に情報を整理し、記憶を定着させる作業を行うので、**寝る前の時間帯に勉強すると記憶に残りやすいとされています。**

夜に覚えたことと朝に覚えたことを比べると、1週間後に記憶に残っている量は前者のほうが倍ほども多いということが、実験でも明らかになっています。

図3のグラフは、アメリカの心理学者のジェンキンスとダレンバックが行った眠っ

**図3　ジェンキンスとダレンバックの実験（1924）**

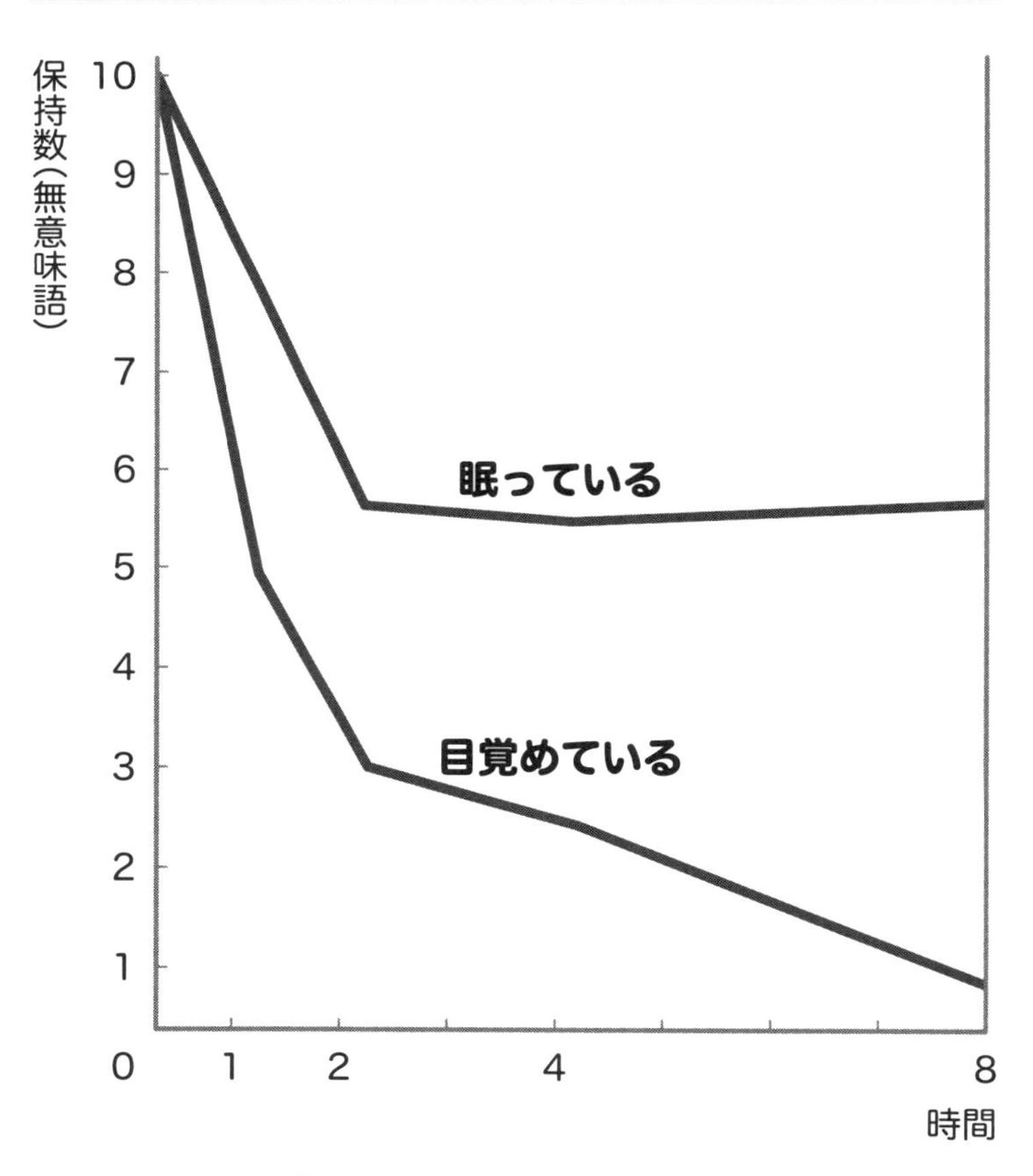


寝ている間のほうが、目覚めているより記憶の保持率が高い

ているときと目覚めているときの記憶保持率の比較です。
この実験では寝ている間のほうが目覚めているより、記憶の保持率が高いとされています。

記憶は夜が最適といっても、一度の勉強だけでは時間が経てば、当然忘れてしまいます。夜に記憶したことの定着率を上げるために、私は**翌朝に起き抜けの復習**を行うことが効果的と考えています。このとき、**ただ読み返すだけではあまり頭に残らないので、できれば書いて復習するほうがいいでしょう。**一番理想的なのは問題を解く形式で復習をすることです。

**大人の勉強における最大の敵は、復習をしないことです。**覚えたことを無駄にしないために、必ず復習することを意識してください。詳しい復習の方法は、第5章でご紹介しています。

**図4　時間帯で勉強法を変える**

## タイムリー勉強法のメリット

時間帯によって異なる脳の特性を利用して、
効率よく勉強の成果を出せるようになる

### 朝の脳

問題を解く、アイデアを練る、読書をするなどの「考える勉強」に最適

### 夜の脳

勉強したことを覚える、用語集を覚えるなどの「記憶する勉強」に最適

# ベストな睡眠時間を見つける

## 理想の睡眠時間には個人差がある

受験の世界では「寝る子は受かる」と言われています。前述のように、人間の記憶は夜、寝ている間に定着しますから、睡眠時間を削れば記憶力が落ちるということです。**どんなに時間をつくりたくても、睡眠時間だけは削ってはいけません。**

「睡眠時間は何時間とるのが理想ですか」と、よくご質問をいただきます。

「**1週間でわかることですから、自分で試してみてください**」

私はそうお答えしています。

ナポレオンがそうであったと言われるように、一度の睡眠時間がごく短いショートスリーパーの人もいれば、アインシュタインのように、1日12時間寝るのも珍しくないという人もいます。睡眠を何時間とるのが最適かということには、個人差があります。自分には5時間睡眠がベストなのか、あるいは6時間なのか、7時間なのか。それを知るには、実際に数日おきに寝て試してみることです。

大事なのは、睡眠時間そのものを厳密に調整するというより、起きている時間の効率を上げることです。自分は何時間睡眠をとると一番体調がよく、頭がさえていると感じられるのか、いろいろ試して確かめてみてください。

また、昼間に太陽の光にあたっておくと、「睡眠ホルモン」と呼ばれるメラトニンが分泌されて、眠りの質がよくなります。

つけ加えると、部屋を明るくして勉強することも大切です。ほの暗い間接照明が主流の国では、日照時間の短い冬場にうつ病になる人が多いと言われています。一方で、照明に蛍光灯が多く使われていて、室内が比較的明るい日本では、冬と夏でうつ病になる人の数にはそれほど差が見られません。部屋は明るくしたほうが、神経伝達物質のセロトニンが分泌されて、イライラや不安感が抑えられます。

## 20分の昼寝が生産性を上げる

私自身は、「23時から5時までの6時間睡眠+昼寝1時間」が基本的な睡眠パターンです。夕食時には必ずお酒を飲むので、夕食後は原則的に仕事をせず、早めに床につきます。その分、起床時間も早い「朝型」ですが、昼寝をしないと午後の仕事がまったくはかどらないので、必ず昼寝をします。

オフィスで働いている人も、可能であれば昼寝をとったほうがいいと思います。**労働効率を上げるには、20分程度の昼寝が有効**と言われていますから、1時間の昼休みのうち、20~30分程度を充てられるなら、昼寝をとることは可能でしょう。

短い時間でも、ある程度「熟睡した感覚」を得られれば十分です。目覚めたときに

「ああ、寝ていたんだ」と感じられるぐらいの寝入り方はしたいところです。

私は移動中の車内で昼寝をすることが多いですが、カラオケボックスを利用することもあります。オフィスの中でも外でも、昼寝ができる場所、しやすい環境を見つけておくといいでしょう。

# ムリのない勉強計画を立てる

## 週末は「借金返済」に充てる

1週間の勉強プランを立てるときは、まずその週に行うべき勉強量の見当をつけ、それを平日の日数である5で割ります。

たとえば資格試験の勉強で、1週間にテキスト100ページ分の勉強をするとしたら、20ページ。それを平日1日分のノルマとして、月曜日から金曜日の5日間に行います。

とはいえ、平日5日間で予定通り100ページこなせるということは、まずないと考えたほうがいいでしょう。もし80ページしかできなければ、やり残した20ページは土曜日にフォローします。つまり、**最初に5で割っておくと、土曜日を平日につくっ**

**た「借金」の返済に充てられるのです。**

また、勉強したことを頭に定着させるために、復習は欠かせません。**復習は3回すれば、覚えられる**と言われます。

勉強した「**翌朝**」と「**週末**」、そして「**月に一度の復習日**」の計3回、復習することをおすすめします。

週に1日、土曜日または日曜日に復習を行います。

勉強は平日に分割して行い、「予定は必ず狂うもの」という前提で、前述の借金返済用に予備日を用意しておく。週末はその予備日と復習日に充てる。このようなプランの立て方をすれば、必ず復習ができ、予定していた勉強量も確実に消化することができます。

**週末にまとめて勉強する、というプランはおすすめできません。**

最初に5ではなく6で割って、月曜日から土曜日までの6日間で勉強する、という組み方でもいいでしょう。比較的時間のある土曜日には、当日分のノルマに加えて平日のやり残しと復習を行います。

そして月に1日は、当月分の勉強をもう一度復習する日をつくるようにします。予定の量をこなすとともに、それが身につくようなプランを立てることが大切です。

**図5　1週間の計画の立て方**

**問題集100ページを1週間で解く場合**

月曜日～金曜日

**ノルマを課す**

100ページを5日間で割った数、「20ページ」を1日あたりのノルマにする

土曜日

**借金返済＋復習**

平日にやり残したノルマ分と、平日に勉強した内容の復習をする

日曜日

**休み**

週に1日は休む。
ただし、勉強習慣を維持するために短い時間の勉強をする

# 自分を生き返らせる休み方を知る

## 「体の休み」と「心の休み」はまったく別物

まったく休みをとらずに勉強を続けていると、ストレスがたまるだけでなく、ある時期からバタッと効率が悪くなります。週に1日は休みをとるようにしたほうがいいでしょう。

ここでのポイントは、**肉体的な休養と、精神的な休養は違う**ということ。休みの日に1日中ただ寝ていれば「休んだ」ことになるかと言えば、そうではありません。

うつ病の患者さんが病気を治すためには休養が必要です。しかし、寝ていれば治るというわけではありません。スポーツでも趣味でも、好きなことを楽しんでやる時間を持つことが必要なのです。しかし、それでテニスでもしようものなら、「あいつは会社を休んでいるのに、テニスをして遊んでいる」と後ろ指をさされることが往々にしてあります。**体を休めることと、精神を休めることは違うということを、もっと多くの人が理解する必要があります。**

## 「本当の休み」を手に入れるために

休んだことによって、その前後で気分が変わらなければ意味がありません。疲労感や精神的な煮詰まり感が休みのあとも抜けていないとしたら、「休んだ」とは言えないのです。

週に1日、「好きなことをやる日」をつくる。言い換えれば、**「これをやっていると楽しい」と思えるものを、ひとつでも持っておくことが大事です。**自分は何をしていると楽しいのか。それがわからないと、休み方がわからなくなってしまいます。

まずは、「これをすればリフレッシュできる」というものを見つけることです。「友達と飲む」「愚痴を聞いてもらう」「恋人とデートする」「寄席やお笑いライブで思い切り笑う」など、自分が心底楽しめるものや、気分が転換できるものであれば、どんなものでもいいでしょう。

「休みの日は子どもと遊んでリフレッシュしましょう」などとよく言われますが、必ずしもそれがリフレッシュになる人ばかりではありません。子どもとディズニーランドで遊んでも疲れるだけという人にとっては、その時間も「労働時間」になってしまいます。逆に、1日ゴルフをして体はクタクタになっても、思い切り休めたという実感を得られるのであれば、それも立派な「休み」です。

また、週1日の休みの日であっても、完全に勉強から離れるのではなく、30分でも1時間でもいいので勉強はしたほうがいいでしょう。第4章で詳しくお話ししますが、勉強を「習慣」にすることが大事なので、その習慣維持のために少しでも手をつけておくようにします。

# 第2章

# 頭がいい人は自分の能力特性を知っている

人は誰しも得意不得意があります。自分自身の能力特性を知っているのと、そうでないのとでは勉強の成果に大きな差が生まれます。この章では、能力特性の重要性と「頭がいい人」の本当の意味を探ります。

# 自分の能力特性を知る

## 記憶優位型か思考優位型か

勉強は、自分を知ることから始まります。

あなたは「覚える」ことと「考える」ことのどちらが得意でしょうか。人には「**記憶優位型**」と「**思考優位型**」の2タイプがあります。記憶力と思考力が両方高い人もたまにいますが、一般的にはどちらかが優れている傾向があります。

私は長年にわたって数多くの本を出版し、いくつもの仕事をこなしていることから、記憶力がいいと思われがちです。しかし、実のところは単純記憶が子どもの頃からずっと苦手です。とくに人の名前が覚えられません。

たとえば「Aという学者が、Bという意見を述べた」という話を耳にした場合、Bの「何を話したか」はよく覚えられるのですが、Aの「誰が話したか」がなかなか覚えられません。このことで損をする場面も多少あります。というのも、日本人は「何を話したか」より「誰が話したか」のほうを重視する、権威主義的な人が多いからです。しかし本来、価値があるのは誰が話したかということより、その内容のほうです。でも、誰が話したかを言わないと聞いてもらえなかったり、教養がないように思われるのです。

論理的な思考や数学の解法のように、理解できることは覚えられるので、受験勉強では数学の答えを覚える「暗記数学」は得意でしたが、人や都市の名前が覚えられないため、世界史や日本史はほぼお手上げでした。でも、それは私の能力特性なので仕方ありません。日本史や世界史がダメなら、数学などほかの科目で点をとればいいと考えました。

そのように、**記憶と思考のどちらかが苦手でも、得意なほうを武器にすることを考えれば、「合計点」を上げることができます。**そのためにはまず、**自分が記憶型人間なのか、思考型人間なのかという、自分の能力特性を知っておく必要があります。**

## 能力特性を知るとアクションを起こせる

自分の能力特性がわかっているということは、すなわち自分の知的機能を客観的にモニターする「**メタ認知**」が働いているということです。それによって自分に向いた仕事ができる可能性も高くなります。

数字が苦手なのに経理部にいたら、力を発揮するのは難しいでしょう。人の名前が覚えられなければ、人事部には向きません。

そのような場合に、自分の能力特性を分析し、それに合った仕事をさせてほしいと申し出たとしたら、それは単なるワガママとは見なされないはずです。むしろ自己洞察ができている人間として、評価は上がるのではないでしょうか?

勉強でも仕事でも、受動的な人が多いのは、自分は何をするのが合っているのかがわかっていないからではないかと思います。

**自分の能力特性がわかっていれば、やりたい仕事に向けて能動的にアクションを起こすことができます。**社内でやりたい仕事に手を挙げて、自分に合った仕事を得て成功する可能性も高くなります。

転職に際しても、発想力があるなら起業的風土のある職場、コミュニケーションが得意なら営業の仕事、というふうに、自分に合った仕事を選びやすくなります。

逆に、自分にできないことを見極めて、場合によっては「できない」とはっきり意志表示することも必要です。出世につながりそうなプロジェクトだからといって、不向きなものを引き受けて失敗するリスクを冒すのは、賢明とは言えません。

受動的なスタンスで、与えられた仕事は何でもやらなければいけないと考えていると、成功のチャンスが得にくいだけでなく、いつのまにか苦境に追い込まれていた、ということにもなりかねません。そうならないためには、まず自分の能力特性について自問してみることが大切です。

# マイナスの特性をプラスに変える

## 発達障害的な特性が有利になることも

「落ち着いてひとつのことに集中できない」「空気が読めない」など、勉強や仕事をする上でマイナスとなりやすい特性には、発達障害の特徴に通じるものも多々あります。

たとえば、「人の気持ちが読めない」というのは、アスペルガー症候群の特徴のひとつです。アスペルガー症候群と診断されていなくても、「自分にはそういう傾向がある」と感じている人は少なくないと思います。

それを自分の特性としてつかんでおくと、その特性に合わせたことをするという判断もできます。

たとえばアスペルガー的な人は、人の気持ちを気にすることが少ない分、ときに非情な対応が求められる人事のリストラ担当者に向いているかもしれません。あるいは、会社が大胆な事業改革を進める際に、人の思惑を気にせず思い切ったことができる人材として活躍できる可能性もあります。外資系企業など、人間関係が比較的ドライな組織に適応しやすいということもあるでしょう。

**ひと昔前なら、会社の中では「少し困った人」として扱われがちだった発達障害的な特性も、いまではむしろ有利に働く場面も多いのです。**

## 発明王を生んだ子育て

じっとしていることが苦手で、注意散漫になりやすい注意欠如多動性障害（ADHD）の人は、まとまった時間、同じ仕事を続けるのが難しいというだけで、数分程度なら落ち着いていられます。しかも、その数分の間は逆に、並外れた集中力を発揮する「過集中」状態になりやすいことが知られています。自分の関心が強いことに対しては時間を忘れるほど没頭し、それによって驚異的なパフォーマンスを発揮する人もいます。

**その代表的な例とされるのが、発明王のトーマス・エジソンです。**

彼はＡＤＨＤであったと言われています。

少年時代のエジソンが、学校でじっとしていられないことを問題視されたとき、彼の母親は学校を辞めさせて、自ら教育する決断をしました。

母親がエジソンに本の読み聞かせをすると、彼は数分間だけは集中して聞くものの、すぐに席を立ってふらふらとどこかへ行ってしまう。それでも母親は動じず、戻って来た彼に今度は別の本を読み聞かせる。それを何度も繰り返したと言います。

この母親の独特の教育によって、エジソンは豊富な知識を身につけ、数々の偉大な発明を成し遂げることになるのです。エジソン本人、そして彼の母親が、ＡＤＨＤという彼の能力特性に合わせたことをしていたから、彼は成功者になれたわけです。

ＡＤＨＤの人は、いろいろな新しいことに興味をもつ傾向があるとされています。エジソンもおそらくそうであったからこそ、新しいものを生み出すことができたのでしょう。

発達障害的な特性があることによってできることも、少なからずあります。こうした特性は**否定されるべきものではなく、強みとして活かすことも可能なのです。**

# 「頭がいい」とは何か

## 「頭のよさ」はひとつではない

心理学者のハワード・ガードナーは、人間の知能は単一ではなく、複数あるという**「多重知能理論」**を提唱しています。

この理論では、「言語的知能」や「論理数学的知能」に加え、「音楽的知能」や「身体運動的知能」、「対人的知能」など8つの知能が想定されています。

つまり、音楽ができる人も「頭のいい人」ということです。

「頭のよさ」にはいろいろなタイプがあります。**自分にはどんな頭のよさがあって、それをどう活かしていくことができるかを考えると、「勝てる」可能性が高くなるのです。**

## 図6　ハワード・ガードナーの多重知能理論

知能

音楽的知能

対人的知能

身体運動的知能

論理数学的知能

言語的知能

博物的知能

内省的知能

空間的知能

人間の知能は複数の種類があり、人それぞれいずれかの知能に優れていたり、苦手だったりする。

## テクノロジーが知能を活かす

昔なら、「音楽的知能」が高かったとしても、楽器が弾けなければ作曲はできませんでした。そのため、その知能を発揮しようがないまま終わっていた人も多かったと思います。

でもいまは、パソコンで音を組み合わせて作曲したり、思いついたメロディを譜面に起こしたりすることが簡単にできるようになり、「音楽的知能」がある人はそれを格段に活かしやすくなっています。

映像の制作も、昔は個人で行うのはまず不可能なものでした。かつて私の知人が、マグロ漁船に乗り込んでドキュメンタリー映画を撮った際、その制作費は3000万円にのぼったそうです。

当時はフィルム代や照明などの機材に高額の費用がかかったためですが、いまならデジタル撮影なのでフィルムは使用しませんし、ビデオカメラの性能が高いので、照明を使わずマグロ漁船内の明かりだけで撮影ができてしまいます。費用はおそらく数万円で済むでしょう。編集もパソコンでできるので費用だけでなく、作業時間や労力も比べ物になりません。

このように、いまは技術が進んだ分、思いついたことを実現しやすい状況にあります。「知能の持ち腐れ」になることなく、それを活かすための手段は豊富にあるのですから、自分の能力の使い方を考え、そのための勉強をしてみてもいいのではないでしょうか。

認知心理学においては、**知識が多いほど「頭がいい」わけではなく、その知識を応用できることが頭のよさであるとされています。**

高学歴のお笑い芸人で、知識は豊富なのにそれを応用できず、肝心の芸の面白さがいまひとつという人がいます。応用能力の乏しさという意味においては、彼は「頭がいい」とは言えません。

しかし彼の賢いところは、その応用能力のなさを自覚し、知識の豊富さのほうを売りにしてクイズ番組に出ていることです。

自分の能力を把握し、その使い方がわかっている。つまり「メタ認知」をうまく働かせているということ。そこが彼の「頭のよさ」なのです。

自分を客観的に見つめて、どんな「頭のよさ」を持っているかに気づき、それをどう使うかを考えられることも必要なのです。

# いろいろな思考パターンに触れる

## 「考え方」の多様性を知る

論理的に考えることが得意な人ほど、はまりがちな落とし穴があります。それは「**自分の論理が正しい**」と思い込んでしまうことです。

知識としての「事実」はひとつでも、それに対する「考え方」は、かなりの数があります。その中でひとつの考え方だけが正しいと思い込むのは、きわめてリスクの高いことです。

ひとつのことに対してひとつのことしか考えない、というのは一見論理的ではありますが、「頭がいい」とは言えません。

それはむしろ「頭が固い」ということです。

**ひとつのことに対して、いろいろな考え方ができる人こそが、「頭のいい人」**だと私は思っています。

その「頭のよさ」を磨くために私がしているのは、いろいろな人の考え方に触れることです。多様な思考に触れることが、自分の思考パターンを広げてくれます。

たとえばある事件について、ジャーナリストの池上彰さんが解説するのを聞いて「そうだったのか」とただ納得して終わってはいけません。

その考えに対する反論がないか、少しインターネットで調べるだけでもいろいろな角度からの意見が出てきます。それを踏まえて、「池上さんはこう言っていたけど、こういう説もある」と言えれば、「頭のいい人」だと思われるでしょう。「今日、池上さんがこんなことを言っていたよ」と得意げに受け売りをしているだけでは、子どもと同じです。

**大人の勉強とは、知識としてひとつの答えを知るためにするものではありません。「いろいろな考え方がある」ことを知るためにするものなのです。**

## 直せるものを直し、得意なものを磨く

子どもの勉強であれば、算数が得意で国語が苦手なら、国語の点数を伸ばすことを考える必要があります。

しかし**大人の場合は、不得意なものを向上させようと躍起になる必要はありません。**

仕事に支障が出るようなマイナス面、たとえば怒りによって感情のコントロールがきかなくなるといったことは、直す必要があるでしょう。自分の特性の中で、修正するべきものを見極めて、修正できるものは修正します。

しかし、変えられないものに対して無駄な努力をするよりは、やり方しだいで向上できるものに特化して取り組むほうが効率的と言えます。

2通りの勉強に対して、あるやり方を試すことによって、成績が上がったものと上がらなかったものがあったとしたら、上がったほうのものが自分の能力特性に合うも

のということですから、そちらに力を入れるようにしたほうがいいでしょう。

**不得意なことに目を向けるよりも、むしろ得意なことを探して、それを磨くことを考えたほうがいい**のです。

単純に考えて、自分ができないことを勉強するより、できることを勉強するほうが楽しいに決まっています。

得意なこと、好きなことを勉強して、この分野に関しては絶対に誰にも負けないと言えるようになれれば、それで道が開けるという可能性もありますし、少なくとも人生において何らかの形で役立つはずです。

たとえばワインの勉強をして、会社の中でワインに一番詳しい人間になったとします。それが業務の上で直接役に立つことはほとんどないとしても、大事な接待の場面でその知識が活きるということはあるかもしれません。

これが自分の取り柄だと思えるものがひとつでもあれば、それが何もないよりは生きていて楽しいことは確かです。得意なことをきわめる勉強は、その過程と成果の両面で人生を豊かにしてくれます。

# 自分にとってのゴールを考える

## 何のための勉強か

ただ漠然と「勉強しなければ」という思いから、勉強に手をつけようとする人も多いように思います。

勉強を始めるなら、その前に**「何のために勉強するのか」を明確にする**ことが必要です。

「資格をとるため」「転職するため」「会社の中で生き残るため」など、目的に応じて行うべき勉強は変わってきます。

まず目的があって、そこからするべき勉強が具体的に見えてきます。たとえば資格試験の合格が目的であれば、過去問をチェックしてみて、自分にはできそうもないと思えば、あきらめてまた別の目的を探したほうがいい。それができるのが大人のいいところです。

目的は、仕事に関することだけとは限りません。老後に史跡めぐりを楽しむために、歴史の勉強をするといったことでもいいし、異性にモテるために知性を磨くということでも何でもいいのです。

異性にモテるために勉強するというのは、一見くだらない動機のようにも思えますが、実際にウンチクで異性にモテようと思うなら、相当なレベルの知識が必要になります。

自分の知性で異性を惹きつけるというのは、それなりに目指しがいのある目的ではあります。

たまに喫茶店などで、勉強サークルの講師役と思われる60代ぐらいの男性が、40〜

50代の女性たちに囲まれて楽しそうに盛り上がっている光景を目にすることがあります。モテるということではないにしても、勉強したことを人に教えられるぐらいになれば、それによって異性のファンをつかむということもあり得るでしょう。そういうことができるのは、テニスのコーチだけとは限らないわけです。

人に教えることが目的になれば、難しいことをわかりやすく伝えるスキルを磨くなど、またそこでゴールに応じた勉強が見えてきます。

あるいは「子どもに尊敬されるため」でもかまいません。

たとえばテレビのワイドショーを見ていると、少年が起こした事件をめぐって、コメンテーターが「少年犯罪の増加」を憂慮するコメントをしていることがあります。

しかし実際には、少年犯罪の件数は戦後一貫して減少傾向にあります。子どもと一緒にテレビを見ているときに、それを指摘してデータとともに解説することができれば、子どもの尊敬を勝ち得ることができるはずです。

## 道具と目的を間違えるな

勉強というと、とりあえず英語やプログラミングを始めようと考える人が多いのですが、それらはあくまでも**道具**であって、それを使って何をしたいのかという**目的**がまず先にあってしかるべきです。

仕事の場面や勉強の過程で「もっと英語が読めたほうがいいな」とか「ITリテラシーを高めたいな」と思うことがあって、それらの勉強を始めるというのが自然な順序です。しかし、英語力やITリテラシーは勉強するための道具にすぎません。それらがあれば、確かに勉強しやすくなるのですが、道具を磨くための勉強にひたすら熱中した挙句、その道具をどこにも使えない、というのは最悪のパターンです。

目的は何でもいいのですが、**「とにかくバカになりたくない」という危機感を持つ**ということは、重要なポイントだと思っています。

私自身、そのような「バカ恐怖」が強くあるほうです。

自分も含めて、どんな人でも勉強していなければバカになると思っているからです。その発想を持たず、自分の学歴や地位に慢心しきっている人たちが、実際にバカになっていくのも見ています。人間に生まれた以上は、賢くなりたいと思うのは大事なことだと思います。

# 東大出でもバカになる

## 「頭のよさ」は失われる

多くの人は、「頭のよさ」を固定的なものと考えています。

「あの人は、東大を出ているから頭がいい」というふうに、一度頭がよくなった人はずっと頭がいいと思いがちです。

しかし、いくら東大を出ていても、その後勉強しなければバカになるし、三流大学卒でも継続して勉強していれば頭がよくなっていきます。そして両者が逆転するということも十分あり得るのです。

**頭のよさは、一度獲得したらずっと続くものではなく、それを維持、発展させる努**

**力をしなければ失われていくものです。**

東大とハーバード大の大学院を出ていても、怒りにまかせて品のない言葉で秘書を罵倒(ばとう)して地位を失った国会議員もいます。それは、感情をコントロールする知能が低いという意味で「頭の悪い人」になっているということです。

怒りや不安感情にまかせて誤った行動や判断をしないよう対策を立てるなど、**頭が悪くなる要素をつぶしていく**ことも重要になります。

私が東大受験をしたのはいまから40年も前の話です。当時は頭がよかったかもしれませんが、それでいまの頭のよさが保証されるわけではありません。

ノーベル賞受賞者でさえ、評価の対象となっているのは多くの場合、数十年も前の業績です。受賞が必ずしもいま現在の「頭のよさ」を示すものではないのです。

## 知的謙虚であれ

私にとっては、学歴や経歴が立派であることよりも、「いま頭がいいかどうか」のほうが大事です。東大の同窓会にわざわざ出かけて行って、「昔頭がよかった」人と話すより、いま賢い人と話をすることに魅力を感じます。

「いまの自分にはまだまだ知らないことがある」という、「**知的謙虚**」な思考が勉強の原動力になります。

机に向かってする勉強だけでなく、日々の経験からも学べることはいくらでもあります。

「いまはこういうものは売れないらしい」「こういうことをすると人に嫌われる」「これは健康によくないようだ」というふうに、本来なら毎日のように学びを得ているはずなのです。

**昨日よりも今日の自分のほうが賢いと言える人、学歴などに関係なく「昔の自分はバカだった」と思える人が、真に「頭のいい人」だと言えます。**

高学歴な人が、それをひけらかしたり、「東大に入った頃の自分は輝いていた」と、過去の栄光にすがるのは、もっとも情けないパターンです。過去のモテ自慢をする人は、たいていいまはモテていないのと同じで、学歴をひけらかすということは、いまの自分には誇れるものがないと言っているようなものです。

どんなにすごい過去を持つ人よりも、いまがすごい人のほうが立派なのは言うまでもありません。

昨日より今日、今日より明日のほうが賢い自分になる。そのために勉強するということが大切です。それを積み重ねていけば、スタート地点がどこであっても、誰でも「頭のいい人」になれるのです。

## 試さなければ意味がない

私の本の読者の中には、私が書いた勉強法の本を片っ端から読む、「和田オタク」と呼ばれる人たちがいます。そんな「和田オタク」の子を持つ親御さんから、「うちの子は和田先生の本をたくさん読んでいるのに、成績が上がらないんです」とクレームを受けることがあります。

そこで「もしかしたら、本を読むだけで勉強していないんじゃないですか？」と確認してみると、その通りだった、などということがあります。

**勉強法の知識がいくら多くても、それを実行しなければ成績は上がりようがありません。**

「和田オタク」の人にはもうひとつ、本で仕入れた勉強法を他人に教えたがるという特徴があります。結果的に、教えられたまわりの人はそれを実行して成績が上がり、教えた本人だけが取り残される、という皮肉な現象が起こります。

私が何より残念だと思うのは、勉強法の本を読んでも、それを実際に試す人がきわめて少ないということです。本に書いてあることをすべて試すのは難しくても、ひとつでもふたつでも試してみれば、変わることがあるはずです。

**「試さない」ことが、一番の問題です。**試して損をすることは基本的にありません。あったとしても多少の時間ぐらいのものです。うまくいかなければ、またそれとは別のやり方を試せばいいのです。

「私は失敗したことがない。ただ、1万通りのうまくいかない方法を見つけただけだ」というエジソンの有名な言葉のとおり、試してうまくいかなかったとしても、それを知っただけでも意味があります。このやり方は自分に合わないということがわかれば、その方向でそれ以上無駄な努力をしなくて済みます。

何がうまくいくのか、いかないのか。すべてはやってみなければわからないのです。第3章で詳しくお話しするように、変化の激しい時代だからこそ、「やってみなければわからない」という発想をつねに持っておくことが大事なのです。

# 第3章

# ＡＩ時代を生き抜くための勉強

時代によって、勉強の意味は変わります。社会情勢やテクノロジーなど、時代を読み、本当に必要な勉強を見極める必要があります。この章では、雇用制度、ＡＩ、貧富の格差などの観点から、今求められている勉強を考えます。

# 変化の時代を生き抜く

## 終身雇用から雇用不安へ

終身雇用、年功序列が普通だったかつての時代は、誰もがそこそこ安定した一生を送ることができました。そういう意味では、戦後の日本はいい時代でもありました。

学歴でほぼ一生が決まってしまうため、受験戦争は熾烈(しれつ)でしたが、そこでひとまず勝ちをおさめておけば、いい会社に入ってそれなりに出世する人生が約束されていました。

たとえ受験に失敗して高い学歴が得られなかったとしても、終身雇用の枠組みに残りさえすれば、ほとんどの人は定年間際には1千万円近い年収を得ることができました。

高卒で自動車の販売員からＢＭＷ東京の社長にのぼりつめ、その後ダイエーの会長などを歴任した林文子・現横浜市長のように、有能であれば学歴に関係なく勝ち上がることも可能でした。

雇用や収入が比較的安定していたため、人々の消費も活発で、景気もよかったのです。それがバブル崩壊を経て、多くの企業が生産性を重視して、余剰人員の首を切る経営へと転換し、勝ち組と負け組の格差は拡大していきました。

その結果、消費が冷え込み、人口減少もあいまって、生産に対して消費が少ない状態に陥りました。それでもなお、企業は生産性重視の経営を進めています。そして雇用不安から人々にいっそう消費を切り詰め、いつまでたってもデフレから脱却できないという、ひどい社会になってしまいました。

## 「対応力」がなければ淘汰される

「一時期必死に勉強しておけば、それで安泰」という時代は、すでに遠い過去になりました。

終身雇用はもはや期待できないばかりか、**ひとつの会社に勤め続けたとしても、その会社がある時期から、まったく別のことをする会社に変わってしまうこともあり得ます。**

有名な例を挙げると、日立造船という会社は、その名に反していまでは船を一艘もつくっていません。現在、主力としているのは環境・プラント事業です。

最近、掃除機で有名なイギリスの電機メーカーのダイソンが、電気自動車の開発に乗り出したことが話題になりましたが、この参入は無謀なことではありません。

自動車の生産において、開発にもっとも費用がかかるのはエンジンです。

一方、電気自動車はエンジンではなくモーターで動きます。モーターはエンジンよりもはるかに開発費用が安いので、電気自動車の生産は比較的参入が容易です。テスラのような新興の会社が、この分野で急成長することができたのもそのためです。

電気自動車の開発は、電池部分の軽量化がカギになりますから、電池の技術が優れている日本の大手電機メーカーなら、参入にはかなり有利です。私が大手電機メーカーの社長だったら、すでに数年前には電気自動車の生産に乗り出していたと思います。

販売は家電量販店で行えば、自動車ディーラーも不要です。たいていの家電量販店には、自動車ディーラーよりはるかに広い駐車場がありますから、その一角にブースをつくって販売やアフターサービスを行えば済むことです。

アフターサービスさえ心配なければ、車は安く買えるに越したことはありません。私は、インターネット通販で車が買える日も近いと思っています。アフターサービスを手厚くすることで、家電量販店との差別化をはかっているジャパネットたかたのような通販会社が、車を売ってアフターサービスまで手掛けることも非現実的とは言えません。

そのように考えれば、近い将来、大手電機メーカーが電気自動車メーカーに、家電量販店や通販会社がその販売業者になるということも、十分考えられます。

ジャパネットたかたにしても、もともとはカメラ販売店でした。豊富な品揃えで知られるアマゾン・ドット・コムはインターネット書店からスタートしています。

会社の事業内容が大きく変わるということは特別なことではなく、これからの時代はそうした変化がさらに多くの分野で起きることが予想されます。**そのような変化に対応できない人は、学歴などに関係なく淘汰されることになります。**

## 変化に対応できるのは学習能力がある人

今後、どんなスキルや能力が求められるようになるのかは、いまの時点ではまったく予測できません。

ただ、これから多くの仕事が人工知能（ＡＩ）に取って代わられることが予測される中、価値が高くなるのはおそらく営業のスキルではないかとも考えられます。どんなに優秀で見た目のいい接客用ロボットができたとしても、大多数の人はロボットにセールスされるより、人間から買いたいと思うものだからです（この心理だって、将来は変わるかもしれませんが）。

また、ものをつくる技術力よりも、消費者が欲しいものは何かを考える能力の価値が、今後いっそう高まるとも考えられます。

あるいは突然、反ＡＩ、反機械という自然回帰のようなムーブメントが起こって、消費構造そのものが大きく変わってしまうかもしれません。

どんな能力を備えておくのが正解かはわかりません。少なくとも、その時点で**必要とされることを学習する能力があれば、どんな変化が起きても対応できます**。その意味ではやはり勉強してきている人、勉強の「やり方」を知っている人のほうが有利なのです。

# 「バカな人」ほど搾取される

**国民の大多数がテレビの信者になっている**

残念ながら、この国は**頭の悪い人、テレビが流す情報を考えなしに信用するような「情報弱者」はひどい目に遭う国です。**

テレビというのはスポンサー、つまり金持ちに握られているメディアです。当然、金持ちの味方をしています。

売上の出どころは100％税金で、なおかつ社長が異様なほど羽振りのいい生活をしている建設・土木業の会社が、地方にはたくさん存在します。そんな生活ができるのは、税金から不当に利益を得ているからにほかならないのですが、テレビがそれを追及することはありません。その一方で、公務員の給与や生活保護の受給者が増えることについては、「税金泥棒」と言わんばかりの勢いで糾弾します。

企業がこれほど多額の内部留保を抱えている状況でありながら、テレビは消費税を上げるより法人税を上げるべきだとは言いません。「法人税を上げると国際競争力が低下する」という論理でそれを正当化していますが、トランプ大統領によって2018年に法人税が引き下げられるまでは、アメリカは欧米でもっとも法人税が高く、消費税が10%を超える州もないのに、世界でもっとも国際競争力の高い国だったという事実は、そこでは無視されています。

さらに言えば、**テレビは東京偏重で、「地方いじめ」を平気で行います。**

たとえば「高齢者から自動車の運転免許を取り上げるべき」とか「飲酒運転を厳罰化すべき」といった論調を後押ししていますが、そもそも東京と地方では交通事情がまったく異なります。

交通量や歩行者の多い首都圏で、高齢者の運転や飲酒運転の危険性が高いのは当然のことでしょう。しかし、道に人がほとんど歩いていない地方の道路で、それらの運転を同じ基準で取り締まり、そこに住む人たちの唯一の移動手段を事実上奪うことが、絶対的に正しいことと言えるでしょうか。

ワインの産地として名高いアメリカのナパ・バレーでは、誰もが車でワイナリーを巡ってテイスティングをしています。当然飲酒運転です。1回のテイスティングで6グラスを飲めばハーフボトルになります。それを何軒も回るのです。地域事情に合わせてそれを取り締まらないことが可能になっているわけです。逆にニューヨークのマンハッタンでは、飲酒運転で車が没収されることもありました。それが地方自治というものなのに、日本ではそれを一切認めようとしません。

根が深いのは、当事者である地方の住民自身が、テレビの洗脳によって「高齢者の運転や飲酒運転は悪」だと思い込んでいることです。

飲酒運転を厳罰化するなら、飲酒運転を誘発したり、アルコール依存症（こういう人はお酒をやめられないので、飲酒運転の常習犯です）の人に悪影響を与える可能性のある酒類のCMを流すことをやめるべきだと思いますが、日本のテレビ局はスポンサーのために、世界保健機関（ＷＨＯ）による再三の勧告さえも無視して酒を美味しそうに飲むシーンを含む酒類のＣＭを流し続けています。

国民の大多数がテレビの信者になって、消費税は上げて法人税は下げるべきと言い、生活保護受給者は叩いても悪徳な土建屋は叩かず、高齢のドライバーや飲酒運転者は人非人（にんぴにん）のごとく責め立てて、貧乏人いじめや地方いじめに加担する。それがこの国の現状です。

## 徳のない日本の金持ち

しかもこの国には、**社会的上位者が義務として弱者を救おうとするという、いわゆる「ノブレス・オブリージュ」の精神も根付いていません。**

道徳教育の必要性が叫ばれていますが、そこで言われる道徳教育とは、往々にして一般社会人が守るべき人の道、つまり「道」の教育であって、「徳」の教育は欠けています。

「徳」とはすなわちノブレス・オブリージュのことであり、社会的上位者になったときにその有無が問われるものです。それを備えている人を「徳のある人」と呼ぶのです。

私がもし道徳の教科書をつくるとしたら、１ページ目にアメリカと日本それぞれの資産家の資産額と寄付額の一覧表を並べ、どちらの国の金持ちに「徳」があるかひと目でわかるようにします。

日本人はどれほど大金持ちになっても、自家用ジェットを買うといった贅沢をする人はほとんどいません。桁外れの金持ちでもあたりまえのように保険診療の病院にかかるのは、世界的に見ても日本ぐらいのものです。

日本の金持ちの多くが、この世でもっとも金のかかる趣味に熱中しています。彼らが持てるお金のすべてを注ぎ込もうとする、その趣味があると、たとえばどんなに金があっても、高いワインを買おうとしません。

その趣味とは「**貯金**」です。

この趣味を持つと、ありとあらゆることにケチになります。貯金通帳の桁を増やすためなら何でもします。必然的に、貧乏人に寄付をするどころか、貧乏人から搾取することに熱心になります。

**欧米では対照的に、金持ちになるほど寄付を趣味にする人が多くなります。**ビル・ゲイツやマーク・ザッカーバーグも、ほぼ全額に近い資産を寄付する意向を示しています。

富豪やそれを目指す人の多くが、貧しい人や立場の弱い人を救うこと、その喜ぶ顔を見ることこそが幸せという価値観を持っている。そういう国であれば、格差が拡大しても貧乏人は救済されますが、この国では金持ちによって搾取される一方です。

# 勉強こそ格差社会で逆転する唯一のチャンス

## 勉強するとリスクヘッジができるようになる

この国には、「頭のいい人間」が「頭の悪い人間」をだまして搾取（さくしゅ）するという構造があります。**搾取される側にならないようにするには、勉強するしかありません。**

このことは、すでに150年近くも前に福澤諭吉が指摘していることです。

『学問のすすめ』の「天は人の上に人を造らず人の下に人を造らず」という一節があまりにも有名なため、福澤は平等思想の持ち主だと思われがちですが、彼がここで説いているのは平等とはまったく逆のことです。

天は人の上に人を造らず人の下に人を造らず「と**言えり**」、つまり「そう言われている」。福澤は、この有名な一節のあと、次のように語っています。「けれども、実際の世の中を見渡せば、愚かな人と賢い人、豊かな人と貧しい人がいる。厳然とした格差社会になっている。**その差を分けるものは何かと言えば学問である。だから勉強しなさい**」。そう言っているのです。

実は、**この国において唯一のチャンスとも言えるポイントは、「金持ちの子どもが勉強しない」こと**だと私は思っています。

アメリカのハーバード大学にも、イギリスのオックスフォード大学にも、フランスのグランゼコールにも、中国の精華大学にも、付属校はありません。どこの国でも、大学というものは原則として受験して入学するものです。

ところがこの国では、小学校からエスカレーターで大学まで進み、受験を経験していない人が総理大臣をしています。

世界の先進国の中で、その国の代表的な名門大学に小学校からエスカレーターで行ける国は日本だけです。そして、金持ちほど喜々としてそういう学校に子どもを入れています。

**受験の最大の意義は、リスクヘッジができなければ勝てない**というところにあります。たとえば東大の入試では、最初に思いついた答えをそのまま書いたら足元をすくわれるような「ひっかけ問題」が多く出題されます。一度答えを導き出しても、もしかしたら他の答えがあり得るかもしれないと考えて、別の可能性や選択肢をチェックする。それができないと、いい学校には合格できないのです。

それを思えば、受験を経験していない総理大臣が「この道しかない」と、リスクヘッジなしで突き進もうとするのも、もっともかなという気がします。彼は政治家なのでそれでもやっていけていますが、これだけ赤字があって売上は増えないのに、外遊のたびにお金をばらまく経営者がいたら、民間企業なら失格です。民間企業の経営者としてなら唯一評価に値する点は、非正規雇用を増やして労働コストを下げたことですが、これは政治家としては最悪の判断です。

認知症の老人を抱え、子どもの学力は下がり、家計は火の車で借金まみれ。いまの日本は、たとえるならそんな家庭のような状況です。

それにもかかわらず「隣に物騒な人がいるから防犯システムに月10万円かけよう」と言い出しているお父さん＝為政者に、「私たちのことを守ってくれるのね」と、家族

＝国民は介護負担や借金のことも忘れて感激している。それが現在の日本の構図だと私は思っています。

しかし「勉強していない金持ちのボンボン」は、リスクヘッジを身につけてきていないため、勉強している「頭のいい人」にだまされて、簡単に足元をすくわれることがあります。日本を代表する大企業の創業家の息子が、そそのかされるままに事業に手を出してはことごとく失敗し、巨額損失を出して、２０００億とも言われる相続財産があるのに、今ではカードも使えなくなっていると報じられたことがありますが、これは、その典型的な例です。

勉強して「頭のいい人間」になれば、頭の悪い「金持ちのボンボン」をだます側に回ることもできます。少なくとも、だまされて搾取される側にはならずに済むと言えるでしょう。

## 情報で自分の身を守る

「知らないから損をする」ということが、世の中には多々あります。

たとえば介護保険の制度について、どういう状態になったら介護保険を利用できるのか、どんなサービスが受けられるのかということを知らなければ、いつまでも利用できず介護保険料だけとられ損、などということにもなりかねません。

黙っていても国のほうから制度の利用について懇切丁寧に教えてくれる、などということは期待できません。国としては、利用者が少ないほうが財政的には都合がいいのです。損をしたくなければ、自分自身で調べるしかありません。


医学や健康の知識にしても、時代が進むにつれてころころ変わります。

たとえば、どの脂肪が体によいかということも、かつては植物性脂肪のマーガリンが体によいとされていましたが、いまでは魚の脂などがよいと言われるようになっています。血圧や血糖値の正常値も変化しています。**能動的に情報を得るということを**

**しなければ、健康や命にさえかかわるリスクがあるのです。**

群馬大学医学部付属病院で2010年から2014年にかけて、腹腔鏡手術や開腹手術を受けた患者が18人も手術死したという事件がありました。この事件は、最終的に医療ミスを訴えた患者が出たことによって発覚したわけですが、言い換えれば、それまでに死亡した患者側は誰ひとり訴えていなかったということです。

手術を執刀する医師や病院にとって、もっともプレッシャーのかかる患者は、多額のお礼を積んできた患者などではなく、**いろいろ調べていて、失敗したら確実に訴えそうな患者**です。

事件のあった大学病院でも、訴える可能性の高そうな患者の手術を、技量の低い医師に執刀させることは避けていたのではないかと思います。

結果的に、訴える可能性が低いと病院側に判断された患者が下手な医者の練習台に回されて犠牲になったとも推測できます。そして、実際に18人続けて訴えませんでした。

もともと、この大学病院が「研究重視、臨床軽視」であることは、医師の間ではよく知られていました。患者がそうした情報に触れていたら、この病院で手術を受けるということ自体について、慎重に判断することもできたかもしれません。群馬の場合は、新幹線を使えば1時間やそこらで、東京のいい病院に行けるのですから。

あってはならない事件を引き起こした医師と病院が問題なのは言うまでもありませんが、「医師や病院に任せていれば安心」と思うことは、いかにリスクが高いかを知らしめた事件でもあったと思います。

**情報弱者は損をするだけでなく、命さえ保証されない時代であるという危機感を持ち、情報力を高める必要があるのです。逆に情報をもっていれば、生活保護を受けている人でも、天皇の執刀医の手術を受けることができるのですから。**

# ＡＩ時代を生き抜く勉強

## 「ＡＩ時代は勉強がいらなくなる」は本当か

ＡＩの時代になれば、「大半の知的作業はＡＩが代行してくれるので、勉強はいらなくなる」という見方がありますが、本当にそうと言えるでしょうか。

インプットできる知識の量においては、人間はとうていＡＩにはかないません。**単なる「物知り」では意味がない時代になることは確かです。**

すでに、インターネットの検索ひとつで大量の情報を瞬時に得られるようになりました。知識量そのものはほとんど意味をもたなくなっています。だからといって勉強していないと、検索して出てきた情報を読んでも理解できないという問題が起こります。

私たち医師がネットで検索した医学論文を読んで理解できるのは、医学の用語をたくさん知っていたり、医学的な知識を持っているからです。医学の勉強をしたことのない人にとっては、どんなに優れた論文でも理解することはできないでしょう。

慶應義塾大学の文学部の入試では、英語の試験で辞書の持ち込みが認められています。「それなら単語を覚えておく必要がないので、楽勝だ」と思うかもしれませんが、3ページほどにもわたる難度の高い英文を読んだ上で、その内容をしっかり理解していなければ解答できません。

もともと英語ができる人は、本当にわからない単語だけを辞書で確認すればいいので、辞書を持ち込むことによって、より確実に英文を読みこなすことが可能になります。しかし英語ができない人は、1行にいくつも出てくるわからない単語を、いちいち辞書で引いているだけで時間切れになってしまいます。

その結果、もともと90点の力がある人は100点をとれる半面、30点の力しかない人は1点もとれないということが起こります。

情報化社会になるほど、勉強しなくてよくなるのではなく、**勉強している「頭のいい人」と「頭の悪い人」の差がさらに拡大するのです。**

イギリスでは1980年代に、これからは誰もが計算機を使う時代になるからと、学校で計算は教えずに応用問題ばかりを解かせる教育に転換しました。すると、深刻な学力低下が起こり、応用問題がますますできなくなったということがありました。逆に19×19までのかけ算を覚えさせるインドからは、次々と優秀なIT技術者が輩出されています。

**やはり基礎学力というものは、どんな時代にも不可欠なものです。**

かつてインドで、オオカミに育てられた少女が発見されたという話がありました。その少女は生涯、簡単な文を話す程度の言語能力しか獲得できなかったと言われています。このオオカミ少女の話自体は創作であるとも言われていますが、おそらく実際に人間がある程度の時期まで何の勉強もしていなかったとしたら、人間という種に生まれていても、その知能は発揮できないだろうと思います。

どんな時代にも一定の勉強をしていなければ、生き抜くのは困難です。**AI時代になれば、AIを使いこなすための勉強をしているかどうかによって、先行きが大きく変わる可能性があります。**

「AI時代になれば、東大に入るような学力は必要なくなる」という見方をする人もいますが、私はむしろ、**AI時代のほうが学力による格差の大きい社会になる**と思います。AIを使いこなせる能力のある人、あるいは貧乏人をだませる能力のある人がさらに格差の上位に立つという、厳しい社会が到来すると予想しています。

## 安泰な職業はなくなる

近い将来、AIやそれを搭載したロボットに、人間の仕事が大量に奪われると予測されています。

たとえば税理士の仕事は、すでにAIの会計ソフトを使用すればほとんど処理できるようになっています。では、それで税理士が軒並み失業するかというと、話はそう単純ではありません。
それまで手作業で行っていた業務の大部分をソフトで処理できるということは、一人ひとりの税理士にとってみれば、より大量の業務を請け負うことが可能になったということです。すると、たとえば営業能力が高い税理士は、これまでの何倍もの顧客を囲い込むことができるようになります。
一方で、そのような能力に乏しい税理士は、これまで以上に有能な税理士に仕事を奪われることになるのです。

医師や弁護士の世界でも、医療データや判例をＡＩに読み込ませて、診断や訴訟業務の大部分を任せられるようになれば、同様のことが起こってくるでしょう。**今後は、ありとあらゆる職業において、「できる人」と「できない人」の差が大きくなるはずです。**

すでにそれがかなり進んでいるように見えるのが、歯科医業界です。歯科医といえば、昔は高収入の代名詞的な職業のひとつでしたが、いまは生計を立てられるかどうかという歯科医も少なくありません。その一方、優れた経営センスで審美歯科のクリニックなどを展開し、億万長者になっている人もいます。

ＡＩの時代になっても、ＡＩをうまく利用できる才覚のある人や、ＡＩを管理する立場に立てる人は、これまでの5倍、10倍の仕事や収入を得ることができるでしょう。しかし、ＡＩに代替可能な仕事しかできない人たちは、今の格差に厳しい社会がそのままである限りは首を切られることになると予想されます。

## ＡＩ時代の「負け組」の末路

ＡＩ時代の日本がどうなるのか、考えられる未来予想図は２つあります。

ひとつは、誰もが労働から解放される「**楽園**」です。多くの人がＡＩに仕事を奪われる代わりに、ベーシックインカムが導入されて、すべての人に最低限の所得が保証され、働かなくても食べていける未来です。

労働はすべて奴隷に任せて（女性は働かされていたようですが）、市民は哲学的思索と議論だけしていればよかった古代ギリシャのようなものです。しかもその奴隷が人間ではなく、ＡＩを搭載したロボットになるわけですから、人道的と言えるでしょう。

もうひとつは、ＡＩの上に立つ人間と、ＡＩ以下の働きしかできない人間の格差が残酷なまでに拡大する「**超格差社会**」です。

実は、バブルがはじける前の日本は、前者に近い社会でした。当時の日本は、オートメーション化により工場の生産性が世界でもっとも高い国でした。同時に従業員の終身雇用が普通でしたから、業務の機械化が進むほど従業員はラクになったのです。

しかし１９９０年代後半以降、機械化で余った労働力はリストラの対象とされるようになりました。そして格差が広がってきたのです。

さて、これからの日本は「楽園」と「超格差社会」、どちらの未来へと進むのでしょうか。

私は後者だと予想しています。私はこの国の将来に関してきわめて悲観的です。すでにお話ししたとおり、この国の多くの人がテレビに洗脳されているからです。

そもそも、地上波のテレビ局がたったの6局しかなく、それ以上は増やさないというガチガチの規制をしている国は、世界の先進国では日本くらいです。

その6局すべてがニュースで同じことを言っています。それを聞いて、多くの人は「どこも同じことを言っているのだから、本当のことなんだろう」と認識します。

しかし、ある程度の情報リテラシーがあれば、「全局が同じことを言っているということは、すなわち情報操作されている」と考えるのが自然です。警察の記者クラブから発表されたことを、全局がそのまま流しているということです。局の収入が同じなのに、取材をすればするほど、取材経費がかかるのですから、自分たちの年収を守るためには、記者クラブ情報を垂れ流したほうが、得だからです。

だからこそ、冤罪の可能性が濃厚な容疑者に対して、弁護士側への取材もないまま、極悪非道の罪人と決めつけた報道が全局で盛んに流されるということが起きるのです。

最近はインターネットテレビ局も勢いをつけてきているとはいえ、現在のところはまだまだです。私がもしネットテレビで番組をつくるとしたら、地上波のテレビ局が流さない「本当のこと」がわかるニュースショーを企画すると思います。

たとえば、韓国や台湾ではパチンコの換金は法律で禁止されているということを、どれだけの人が知っているでしょうか。日本では、これを口にするとテレビのコメンテーターを干されるので、誰も口にしません。日本はテレビによって、「情報鎖国」と言っていい状態になっています。この状態が続く限り、たとえ将来、海外でほとんどの国がベーシックインカムを導入したとしても、その情報は多くの日本人の耳には届かないはずです。

そして、テレビが扇動する「働かざる者食うべからず」の論理にしたがって、「ＡＩに代替されて失業した人は自己責任」という世論が形成されていくでしょう。

最終的に、他国がベーシックインカムで暮らせる国になっても、日本だけは失業者は自己責任で、生きるためには「殴られ屋」か売春婦にでもなるしかない国になると思います。

生活保護費の対ＧＤＰ比率が、ＯＥＣＤ加盟国中で最低レベルであるにもかかわらず、生活保護費を出し過ぎているとテレビが報じ、コメンテーターが同調して受給者バッシングが起きる国ですから、そうなるのは必然とも言えます。

ＡＩによって失業した人が、路頭に迷ってうろうろしていたら、「勝ち組」の人間から「１０００円やるから一発殴らせろ」と言われる。食べるために言うことを聞いて、大けがをさせられ、本来なら傷害罪で訴えることができるのに、法律を知らないために「金を払っているから示談が成立している」と丸め込まれる。挙句の果てに「まさか生活保護を受けて、俺たちの税金で食う気じゃないだろうな？」と恫喝（どうかつ）される。それがＡＩ時代の「負け組」の末路です。

**ものを知らないと、どこまでもみじめな目に遭い続けることになります。**生活保護は本来、憲法で守られた国民の権利ですし、消費税が導入されて以来、税金を払っていない人はほぼ皆無です。にもかかわらず、「勝ち組」の振りかざす論理に反論できず、言いなりになるしかありません。

アメリカなら失業しても、対ＧＤＰ比率で日本の3倍近い生活保護費が支給されている上に、うなるほどある寄付財団が救いの手を差し伸べてくれます。イスラムの国では、ラマダン（断食月）の時期には貧者に対して積極的に寄付や施しが行われます。**これほど弱者や貧しい人に厳しい国は、日本しかないと言っていいくらいです。**この国では、「勝ち組」にならないと大変なことになります。**唯一の救いは、多くの人が勉強していないので、少し勉強するだけで「勝ち組」になれることです。**

# AI時代に対応する感覚を身につける

## 求められるのは「ドラえもん」より「のび太」

ＡＩが人間に代わってほとんどのことを行うようになる。それは、言ってみれば誰もが「ドラえもん」を持つようなものです。

自分では働かない「のび太」が、ドラえもん＝ＡＩに「これが欲しい」と要求すれば、それで何でも済んでしまうということです。

しかし、**『ドラえもん』という物語において、重要な役割を果たしているのは、何でも出せるドラえもんより、むしろのび太のほうです。**もし、のび太がつまらない人間だったら、あの物語は成立しません。「こんなものを出してほしい」というのび太のリクエストがユニークだからこそ、話が面白くなるのです。

**AIの時代に価値が高いのは、要求に応じてものをつくる「ドラえもん」的な人よりも、「これをつくれ」と要求する「のび太」的な人です。**

IT時代にその最初の体現者と言っていいのが、スティーブ・ジョブズです。彼が自分自身はITオタクでも技術者でもないのにアップルを創業して、大成功を重ねてきたのは、「こんなものをつくってほしい」と思いつく、自分のその発想力に自信を持っていたからです。

## 「あったらいいな」を考えることも勉強

いまは生産に対して消費が足りない時代です。そんな「豊作貧乏」のような状況にあって必要性が高いのは、生産性を上げる能力よりも、**消費者目線で「こういうものがあったらいいな」と考えつく能力**です。

昨今、女性の活躍の推進が叫ばれていますが、ドイツのメルケル首相や東京都の小池百合子知事のような、性格や知的能力が「男勝り」な人を管理職や経営者にすることが「女性の活用」ではないと私は思っています。男女どちらでもできる仕事で女性を重用しても、女性を活用したことにはならないのです。

「女性にしかできない仕事」というと、よく挙げられるのは接客業や看護師など、高い対人コミュニケーション能力が必要な職種です。それも確かに女性の能力特性のひとつと言えますが、**女性が男性よりもとくに優れているのは、消費を担う側の発想でニーズに気づく力です。**

NTTドコモの「iモード」サービスを生んだ松永真理さんなどは、その能力を活かして成功した女性の好例と言えるでしょう。そのような方向で女性を活用しようとせずに、「モノが売れない」と嘆いているというのは、理解しがたいことです。

最近は全自動の「洗濯物たたみ機」まで登場し、もはや世の中で必要とされるものは出尽くしてしまったと言う人もいます。

「何がつくれるか」という技術者の視点からの発想では、思いつくものには限りがあります。**「何があったらいいか」という消費者の立場で考えれば、「あったらいいな」というモノやサービスは、まだまだたくさん出てくると思います。**

そこで重要なことは、勉強している人としていない人では、**「これが欲しい」と要求するもののレベルが違う**ということです。知識の浅い人が要求するものは、たいていつまらないものか、すでに存在しているものである可能性が高いのです。

「のび太」道をきわめるということも、自分の能力特性を高めることと言えます。その意味においては、1日1個「あったらいいな」と思うものを探すことも勉強です。

私は常日頃、そういうことを考えています。たとえば、出かけるときに忘れているものがないかを探知して、そのありかを教えてくれるシステム。AIが手持ちの服と好みを把握して、明日着る服をコーディネイトしてくれるクローゼット。作業中に手が当たってもデスクから絶対落ちない紙コップ。コーヒーショップのように、まわりに厚紙が巻かれた状態で熱い飲み物が出てくる自動販売機などなど、いくつでも思いつきます。そのような思考習慣をつけてみてもいいでしょう。

## 頭の中は誰にも奪われない資産

ひとつの答えについて「これが絶対に正しい」と決め付けず、豊富な知識をもとに、幅広い可能性を考えられるのが「頭のいい人」です。

ＡＩ時代の未来について、さきほど私は悲観的なシナリオを述べましたが、そのとおりにはならない可能性も当然あります。メディアが誰に忖度するかという、その相手しだいで風向きが変わり、「失業者が増えたのは金持ちのせいだ」と焚きつけられた国民によって、金持ちを打倒する革命のようなことが起きないとは言えません。

せっかく「勝ち組」に入ったとしても、そんなことが起きれば一転して迫害を受ける立場になるかもしれないのです。未来がどうなるかは誰にもわからないのですから、世界中どこに行っても生きていける能力を持つということも、視野に入れておきたいものです。

各地で迫害を受け、そこから逃れてきた歴史を持つユダヤ人は、きわめて教育熱心なことでも知られています。いまのアメリカ社会で、彼らは上位階層に属しているとはいえ、いつまた迫害され、財産を没収されるかわからないという危機感を根強く持っています。しかし、**たとえ所持しているものをすべて取り上げられたとしても、頭の中身だけは誰にも奪われることはありません。**だから彼らは子どもの教育に力を注ぐのです。

売れば相当な金額になるダイヤモンドをつねに肌身離さず持っていて、万が一身の危険が迫ったときは外国に逃れ、ダイヤモンドを売ったお金を元手に、その土地で新たなビジネスを起こす。それができる能力を身につけさせるのが、彼らの教育だと聞いたことがあります。

外国に逃れても勝ち残れる能力とは、語学力のことではありません。英語力というだけなら、大半の日本人よりもフィリピン人のほうがはるかに上ですが、それだけで彼らが世界のどこに行っても成功するわけではなく、多くの人はメイドなどの単純労働に就いています。

しかし、たとえば研究者として優秀であれば、英語が多少拙くても海外で活躍できる可能性は高いでしょう。ＡＩによる完全な自動翻訳機の実用化も間近になったいま、英会話を必死に習うよりは、別のことを勉強するほうが、有用性は高いと言えます。海外で日本流のサービスを武器にした事業を行うなど、「海外で生き残れる能力」にはいろいろなものがあるはずです。

誰でも情報を手軽に得られるこの時代、与えられた情報や知識そのものは、あまり価値を持たなくなっています。**価値があるのは、その情報をもとに推論を立てる能力です。**

「ミスター円」の異名で知られる経済評論家の榊原英資氏は、アメリカに行くたびに、もっとも楽観的なエコノミストと、もっとも悲観的なエコノミストに会って見通しを尋ねることにしているそうです。

たとえばダウ平均株価について、「このまま３万５千ドルまで上がる」と言うエコノミストと、「１万５千ドルまで大暴落する」と言うエコノミストがいたとします。そこから「どんなに上がっても3万5千ドル、下がっても1万5千ドル止まり」という見立てが可能になります。

つまり、両極の意見を聞いておくことで、振れ幅を限定し、その範囲内で予測を立てることができるようになるのです。「極論に耳を貸さない」という姿勢は必ずしも合理的なものではなく、極論を踏まえることで、推論を立てやすくなることもあります。

- □ ひとつの答えだけで満足しない
- □ 複数の可能性を想定する
- □ 最悪と最善の場合を考慮する
- □ 自分の能力特性を分析する

これらのことができていれば、時代や場所が変わっても生き残ることは難しくないと思います。

## 長期的な視野を持つ

目先の成功だけを追いかけていると、長期的に見て損をすることが多いものです。

いま目の前にある出世のチャンスをつかみたいからと、仲間を敵に回すようなことをすれば、後々足を引っ張られるリスクを負うことにもなります。


地位を得るために、時の権力者にすり寄る発言ばかりしている政治家は、政権が変われば過去の発言があだとなって、立場が悪くなる可能性があります。

たとえ権力者ににらまれるリスクがあっても、自分の信条を貫いている政治家のほうが、筋の通った人として評価が高まる可能性もあるし、支持者も得られるでしょう。

少なくとも権力者の言いなりになったところで、その人自身の支持者を得ることにはつながらないはずです。

北朝鮮のような独裁国家であれば、独裁者が存命中は自分も安泰でいられる可能性が高いので、すり寄る意味もまだわかります。

あるいは中国で権力者にすり寄る人たちの一部がそうであると言われるように、すり寄って甘い汁を吸うだけ吸って蓄財し、その権力者が失脚したら海外に逃げる腹づもりをしているなら、先を見通しているという点においてはまだ賢いと言えるでしょう。

会社で上司にすり寄って出世しても、実力が伴っていなければ苦境に立たされることになるでしょう。逆に、上司と衝突して一時的に立場が悪くなっても、見る人は見ていて、時機が来れば出世コースに戻れるということもあります。事実上の左遷による東南アジア勤務を経て、社長に抜擢(ばってき)された、トヨタの奥田碩・元会長のような例もあります。**目先ばかりを見ず、目線はゴールに向けるということが大切だと思います。**

長期的なビジョンを持つという話を続けます。

**成功確率が極度に低いことを仕事にしたいと思うなら、リスクヘッジを考える必要があるでしょう。**

福祉が手厚い国なら、生活保護を受けながら一生夢を追い続けるといったことも不可能ではありません。実際、イギリスの作家J・K・ローリングは生活保護を受けながら『ハリー・ポッター』シリーズを書き上げ、いまでは受け取った生活保護費の一億倍ほどの税金を国に還元しています。しかし、日本ではそうはいきません。

たとえば作家や音楽家などを目指すなら、それとは別に最低限の生活費を稼ぐ道を確保しておく必要があります。

私自身、文筆業や映画監督などさまざまな仕事を始めることができたのは、医師という本業があるからです。小説を書くことを生活の中心にしつつアルバイトをするとか、あるいは残業のない仕事を選んで、終業後の時間を作家活動に充てるなど、リスクヘッジの方法はいろいろ考えられるはずです。

収入面は一時的に配偶者に頼る形で、やりたいことに専念するという方法もあり得ます。『リング』や『らせん』の作者である作家の鈴木光司さんは、専業主夫をしながら小説を書いていた時期もあったといいます。

逆のケースで、音楽家を目指しながら、食いぶちを確保するために別の仕事を始めたら、その仕事のほうで大成功してしまったという人の話を耳にしたこともあります。人間、どんな才能があるかはわかりませんから、リスクヘッジを考慮しつつ、興味のあることにはチャレンジしてみてもいいのではないでしょうか。

先のことを見据え、そこから逆算して、いまできることを始めることも大切です。定年後起業のコンサルタントに聞いたところによると、定年後起業で成功しているのは、ほとんどが40代のうちから計画を立てていた人だそうです。

60歳で定年退職してから、ヒマと退職金があるからといって、いきなり事業を始めようとしてもそううまくはいきません。脳の老化が進んでいる分、アイデアも浮かびにくくなっていますし、現役で仕事をしていた頃の人脈もすでに切れていて、活かせなくなっていたりします。

定年までの間に、その後の起業を見据えてそのための人脈を広げたり、資金調達の方法を考えておくとか、アイデアを練るといった準備をしていてこそ、成功する可能性が高くなります。**10年後、20年後に自分はどうなっていたいかを考え、そのためにいま何をしておくべきかを考えてみることが必要です。**

# 勉強の成果を測る

## アウトプットを意識する

情報や知識をインプットしているだけでは、現在ではもはや賢い人とは見なされません。しかし、インターネットで調べればすぐにわかるような情報でも、アウトプットのしかたしだいでは価値のある知識になります。それができるのが「頭のいい人」です。

たとえば消費税について、多くの人は消費税の増税はやむなしと受け止めています。しかし前述のようにアメリカでは、消費税率が10%を超えている州はひとつもありません。一方で、トランプ政権が法人税の引き下げを決めるまでは、アメリカは欧米諸国の中で法人税がもっとも高い国でした。法人税が高く、消費税が低いアメリカが世界一の経済大国であるという事実がありながら、日本では消費税を上げ、法人税を下げるという正反対の政策が進められようとしていることは、疑問に思うべきです。

また、消費税の増税容認論では、ヨーロッパ諸国の消費税率の高さがしばしば引き合いに出されます。しかし、それらの国では医療費や教育費は原則タダで、社会福祉も手厚く、高額な消費税を支払っただけの見返りは受けられる仕組みになっています。このように、アメリカの例やヨーロッパの例を出し、さらに「ギリシャは法人税を下げて消費税を上げたら財政破綻した」といった話を組み合わせていけば、日本の税金政策の問題点を、説得力をもって指摘することができます。**単純にインプットしたものを出すのではなく、それをどう組み合わせるかを考えることが重要なのです。**

さらに、反論も想定しておきます。たとえば税金の話から、現政権の政策には問題があるという話に移り、「でも株価は上がっている」と反論されたら、株価は必ずしも政策の良し悪しを反映しているものではないことを指摘します。

これほどアメリカの株価が上昇していても、トランプ政権の支持率は上がっていません。株価は市場が決めるものだというのが、欧米の基本的な考え方です。しかし日本では、株価が上がっているという理由で、現政権がどれほどひどいことをしようとも高い支持率を得られます。しかも、アメリカの株価が下がるとすぐに連動して日本の株価も下がっています。

私がこういう話をすることができるのは、特別に知識の量が多いからではありません。年間30冊ほども本を書くという生活をしていると、「これは本のネタに使えるだろうか」とつねに考えながら情報に接することになります。つまり、アウトプットを意識しながら新聞を読む、インターネットの情報を見るという姿勢が身についているのです。

そういう意識がないと、ただ受け身の姿勢で情報を得るだけになってしまい、せっかくインプットした情報がうまくつながらず、使えないまま消えていくことになるのだと思います。**アウトプットを意識しながらインプットできるかどうか**が、情報の「加工力」をつけるためのポイントです。

## 狙い目は生計が立てられる資格と新設資格

「いま、どんな資格を目指したらいいか」というのも、よく受ける質問のひとつです。世の中には、民間資格も含めてさまざまな資格があります。その中で、自分が興味を持てそうなもの、試験の過去問を見て、これなら勉強できそうだと思うものを、まずは探してみるといいでしょう。

ただ、資格はどんなものでも取ればいいというわけではありません。「使える」資格かどうかは、しっかり調べておく必要があります。判断基準は、**その資格で食べていけるかどうか**です。

宅建士（宅地建物取引士）は、今後数年の間は高い需要が見込まれる資格です。不動産の売買や賃貸物件の契約にあたって、客側が知っておくべき重要事項を客に説明するのが宅建士の仕事です。この仕事は、宅建士の有資格者のみ行うことができるものです。

対人業務なので、税理士などの業務のように、ソフトで処理するというわけにはいきません。客に重要事項をもれなく説明をして納得してもらうには、ある程度の時間をかける必要がありますから、業務を効率化するにも限りがあります。そのため、現在のように不動産価格が上昇して取引が増えている時期は、一過性の人手不足が起こります。

不動産市場の好況は２０２０年の東京オリンピックまでと大方では予測されていますが、慌てて売ろうとする人が増えるときもやはり人手不足がおこります。ただし、それが終わった後、宅建士の高需要もずっと続くとは思いませんが、このように、持っておくと一時的にでも需要が増える可能性のある資格は存在します。

狙い目と言えるのは、**新設の国家資格**です。理由はふたつあります。

ひとつは、その資格に需要があるからこそ新設されているからです。たとえばマンション管理士の資格は、マンションの管理組合のコンサルタント業務を行うためのものですが、この資格が設けられたのは、既存のマンションの多くが大規模修繕の時期を迎えるため、この業務の需要が高まっているからです。

もうひとつの理由は、一般的に新設資格ほど合格率が高い傾向があることです。宅建士の国家試験も、現在の合格率は15％前後ですが、最初期は90％を超えていました。資格が設けられて以降の期間が長くなって、有資格者が増えるほど合格が難しくなります。

また、社会の高齢化は今後も進んでいきますから、ケアマネジャーなど介護関連の資格は、それで大きく収入を増やすことは期待しにくいものの、仕事が保証される確実性は高いと言えます。

自分の人生プランと、資格の将来性や需要、取得のしやすさなどを考え合わせて、どんな資格を目指すかを検討するといいでしょう。

# 第4章

# やる気、習慣を味方につけて実行力を磨く

勉強法は、どれだけ知っていても実際に試さなければ意味がありません。この章では、勉強の実行力を上げる方法を解説します。動機づけ、習慣化の理論を実践すれば、実行力は上がるのです。

# 実行力を身につける

## 「やらない理由」をつくらない

勉強を始めようと思うものの、「なかなか実行に移せない」という声も聞きます。

**実行力を上げるには、まず「やらない理由」をつくらないことです。**

何かを「やらない理由」はたいてい、「やってもうまくいかないだろう」とか「やっても無駄」という思い込みです。

投資や起業であれば、失敗した場合に失うものもあるので慎重になるのは当然ですが、勉強をやってみてうまくいかなかったところで、失うものは自分の時間だけです。

たとえ無駄であったとしても、無駄であったことを発見しただけでも意味があるわけですから、とりあえず試してみようという発想を持ちましょう。**「やってみる」という経験そのものが大事だと考えてください。**

好きなことを追求するのもおすすめです。好きなことであれば、必然的にやる気になります。何でもいいので好きなことをしてみるといいと思います。

あるものについて、きわめて高いレベルの知識を身につけるとか、それに関してウンチクを語れるようになることが勉強だとすれば、毎日ラーメンを食べ歩いて、そのことを日記に書くだけでも勉強と言えます。

いろいろな店のラーメンの味を詳細に記録したり、それぞれを比較して評価したり、麺やスープについて分析したりと、やろうと思えばかなりのことができます。それをブログなどに書いているうちに人気が出るということもあり得ます。

好きなことを趣味で追究する人は昔からいましたが、**昔といまの一番大きな違いは、それを外に発信して評価が得られる可能性があるということです。**

あらゆるダイエット法を試してブログに書くとか、懐かしのアニメの研究をするといったことなど何でもいいでしょう。自分の興味や関心に正直に行動してみて、それをアウトプットするだけで何らかの反応を得られるはずです。

反応が極端に少なければ、アウトプットのしかたを工夫する必要があるかもしれません。もしくは、そのテーマ自体への世間の関心が低いということを、そこで発見できます。どうしても行き詰まったら、また別のことをやってみればいいだけのことです。

アウトプットするには、そのための素材を揃え、それをどう伝えるかという工夫や準備が必要です。そのプロセスでいろいろな学びを得ることになります。**熱心に本を読んで知識を増やすことだけが勉強ではなく、アウトプットすることも勉強です。**むしろ現代ではその方が大切なくらいです。

# 動機づけはひとつではない

## 「内発的動機づけ」と「外発的動機づけ」

勉強に対してやる気が起きない場合は、やる気を起こさせる動機づけが重要になります。

動機づけには、主として**「内発的動機づけ」**と**「外発的動機づけ」**があります。

「面白そうだからやる」「楽しいからやる」というように、自分の内面でわきおこった好奇心や意欲に起因するのが「内発的動機づけ」です。

これに対し、「ほめられるからやる」「叱られるからやる」というように、外部からの賞罰、つまり「アメとムチ」によるものが「外発的動機づけ」です。

1950年代までは、「アメとムチ」による動機づけがもっとも有効であると考えられていました。これに一石を投じたのが、アメリカの心理学者、ハリー・ハーロウによる実験です。ハーロウは、サルがごほうびを与えなくても簡単なパズルを解くのを見て、サルも賞罰とは無関係に、好奇心によって課題に取り組む場合があることを発見します。

しかし、パズルができたときにごほうびを与えるようにしたところ、パズルの成功率はむしろ下がりました。このことから、**「内発的動機づけのある者に、下手に外的な賞罰を与えると逆効果になり得る」という理論が導き出されました。**

この理論が世間に与えた影響はとても大きいものでした。

1960年代にはアメリカの学校で、賞罰が子どもの自然な好奇心や向学心の妨げになるという考えが主流になり、宿題を課さないとか、好きな科目だけを選んで学べる「カフェテリア方式」を導入するといった、アメリカ版ゆとり教育が行われるようになりました。

しかしその結果、子どもの深刻な学力低下が問題となり、1980年代には再び「アメとムチ」を取り入れた教育へと転換することになります。

とはいえ、ここで見過ごすべきではないのは、このアメリカ版の「ゆとり教育」を受けた世代の中から、ビル・ゲイツやスティーブ・ジョブズといった、独創性に優れた人物が出ていることです。

賞罰をつけず、内発的な意欲に任せて好きなことをさせるという教育は、多くの子どもにとってはマイナスに作用した半面、それによって能力を伸ばしたと考えられる子どももいたということです。

もともと好奇心が旺盛な子どもに対しては、下手に賞罰をつけないことが効果的である一方、そうでない子どもに勉強させるには、ある程度の賞罰が必要だと言えます。**内発的動機づけと、外発的動機づけのどちらが有効かは、人それぞれによって違うのです。**

さらに言えば、**「アメとムチ」の種類もひとつではなく、人によってさまざまです。**お金がアメになる人もいれば、ほめられることや異性にモテることがアメになる人もいます。仕事を失うことがムチと感じる人もいれば、周囲の人間から浮くことがムチという人もいるでしょう。

人それぞれ、動機づけの形態は異なります。自分に合った動機づけをどれだけ用意できるかがポイントなのです。

勉強する動機も、「収入を上げるため」「会社で首を切られないようにするため」「異性に称賛されるため」「仕事の面白さを深めるため」「まわりがみんな勉強しているため」など、いろいろなものがあり、そのうち自分自身にあてはまる動機は、ひとつとは限りません。

**動機をたくさん持っていれば、それだけいろいろな方向からの動機づけが可能になります。**

コーチと呼ばれる職種の人は、指導する相手をやる気にさせる方法をたくさん知っているほど結果を出せるものです。スポーツチームでも、熱血指導でやる気が出る選手もいれば、別のアプローチをしたほうが力を引き出せる選手もいます。一人ひとりに合わせた動機づけを提供できる人、「**動機の処方箋**」をたくさん持っている人が、有能な教育者や指導者であると思います。

大人の勉強では、自分自身が自分のコーチとなって、多彩な動機づけを用意していくことが重要と言えます。

# やる気を起こさせる工夫

勉強のやる気を高める具体的な方法を、3つご紹介しましょう。

## スモールステップ

人間は、達成できそうな目標であればやる気になりますが、困難に見えるものに対しては行動意欲がわかないものです。マラソン選手でも、先を走るランナーが視界に入っていれば、それに追いつこうと気合を入れて走ることができますが、先行のランナーが視界から消えた途端に失速します。

そこで、長期的な目標とは別に、たとえば「今週中にこの問題集をあと3ページやろう」というふうに、**すぐ先に小さい目標を設定し、それをクリアしていくようにし**

**ます。**

動機づけのために、達成できた場合の報酬、つまり「アメ」を用意しておくことは有効ですが、どれほど魅力的なアメであっても、それがあまりにも高いハードルの先に用意されていたら、得ようという気にはなれません。

毎回テストで60点をとるのがやっとの子どもに、「100点をとったらヨーロッパ旅行に連れて行ってあげる」と言っても、「そんなのは無理」と思うだけでしょう。でも、「65点とれたら、好きな漫画を買ってあげる」と言ったら、やる気になるかもしれません。

「この問題集を、ここまでやったら、好きなお酒を飲もう」とか、「次の試験で10点上がったら、欲しかったDVDを買おう」というふうに、小さな目標の先に、ささやかでもいいので報酬を用意しておくようにすると、やる気が持続しやすくなります。

## 簡単な入門書を買う

あまりにも高い壁は登る気がしない、ということからもうひとつ言えるのは、理解不能なことを勉強する気にはならないということです。

**理解不能なものを勉強しようと思うなら、まずはそれを理解可能なレベルまで落とし込む必要があります。**

たとえば、2017年のノーベル経済学賞受賞で注目されている行動経済学を勉強しようと、その専門書を読んでみてもチンプンカンプンだったとしたら、行動経済学のわかりやすい解説書を手に取ってみます。

入門書やわかりやすく書かれた本をバカにする人は多いのですが、いくら難解な本を必死に読んでも、理解できなければ意味がありませんし、内容も覚えられません。見栄を張らずに、入門書で基礎的な理解を固めてから次に進むほうが合理的です。

中学、高校の参考書や、漫画で解説されている入門書など、わかりやすく伝えようとする工夫が行き届いている本は役に立ちます。いろいろなテーマについて、それぞれの専門家がわかりやすく解説した本が揃っている新書も、入口の一冊としておすすめです。

## 勉強友達をつくる

**勉強は、できればひとりで行うより、友達に声をかけて一緒にやるほうがやる気が出ます。**わからないことを教え合ったり、勉強法について相談したりと、お互いに支え合うこともできます。

勉強していることを周囲に隠しておきたがる人も多いのですが、それで得をすることはあまりないと思います。勉強していることを周囲の人に知られると、妨害される心配があるという人もいるかもしれませんが、飲みに誘われる程度の妨害であれば、断れば済むことです。むしろ、勉強していることを知って、力になろうとしてくれる人のほうが多いと思います。

また、勉強していることを人に話すと、公言した手前、あとには引けなくなるという効用もあります。禁煙や英会話なども、周囲に始めたと言ってしまったら、やり遂げたり成果を上げないとカッコ悪いという気持ちが生まれるものです。やらざるを得ない状況に自分を追い込むために、あえて公表するという手もあります。

すでに勉強している人たちのコミュニティに加わるのもいいでしょう。勉強のコツや参考書の選び方などは、うまくいっている人に尋ねるのが一番です。すでに勉強が進んでいる人たちと交流を持てば、そのような情報を得られる機会も多くなります。

# 勉強習慣を持続する

## 勉強せずにはいられなくなる「習慣化」

理由なしにそれをするようになるよい方法が「習慣化」です。

たとえば、大半の人は理由を意識して歯磨きをしているわけではないと思います。もちろん、歯をきれいに保っておくためとか、虫歯にならないようにするためなど、歯磨きをする理由は存在しますが、それ以前に、毎日歯磨きをする時間に磨かないでいると、何となく気持ち悪く感じるはずです。

それは、歯磨きが習慣化されているということです。**あることが習慣化されると、理由なしに体が動いてそれをやってしまうとか、やらないと落ち着かなかったり、不快感を覚えるようになります。**

勉強も習慣化してしまえば、毎日やらずにはいられなくなります。それでは、どうすれば習慣化できるかというと、**習慣化するように仕向けていくことが必要になります。**

歯磨きも、最初から習慣として身についていたわけではなく、教育によって習慣化されてきたのです。子どものうちは、歯磨きをしたがらない子どもがほとんどですが、一定期間、根気強く決まった時間に歯磨きをさせているうちに、歯を磨かないと不快に感じて、自分から磨くようになっていきます。

**習慣化するという意識を持たない限り、習慣化させることはできません。**毎日、何時から何時までは勉強すると決めて実行し、体内リズムに埋め込んでいきます。

たとえば睡眠についても、何時から何時まで眠るということを習慣化することで、生活パターンを朝型にしたり、昼寝を取り入れるといったことができるようになります。

大変そうに見えることでも、習慣化してしまえば苦痛ではなくなります。たとえば「イスラム教徒は1日に4回も礼拝をする」と聞くと、相当な負担のように感じられますが、彼ら自身は、礼拝をしないとそわそわしてくると言います。勉強も習慣化させることができれば、勉強そのものを苦痛だと感じることはなくなるはずです。

## スランプと休養

どうしても勉強をする気になれないという、スランプ状態に陥ることは誰にでもあります。たいていは周期的に訪れるもので、ある程度時間が過ぎればやる気を取り戻せます。

とはいえ、気分が乗らない日が2週間以上続くようなら、うつの可能性も考えられますから、早めに医師の診察を受けたほうがいいでしょう。

**スランプに陥る大きな原因のひとつは休養不足です。**しっかり休みをとってリフレッシュすると回復する場合もあります。

私は「よくそんなに働けますね」と驚かれることがありますが、それは休むと決めた日にはしっかり休むようにしているからです。日本国内にいると、休みの日でも仕事関係の連絡が入ったりして、完全に仕事から離れるのは難しいのですが、3カ月に1回、アメリカで精神分析を勉強しているので、そのときにはほかの予定をなるべく入れずに、現地で休みをとるようにしています。

長期の計画を立てる際に、**先に休みの予定を決めておくと、そこを目標地点にして仕事や勉強を進めることができます。**自分の休みを優先するということも、無理なく勉強を続けるためには大切です。

# 第5章

# 和田式最速最短で結果を出すテクニック

この章では勉強法を実践する上で、合わせて覚えておきたいテクニック、理論を解説します。脳の力を最大限に活用して、最速で結果を出すには勉強のシーンや目的に合わせたテクニックが欠かせません。

# 「使える」ノートの取り方

## ノートは雑談までもらさず取る

4章では「何のために勉強するのか」という目的の話をしました。目的から勉強法を考えるように、個別のテクニックについても、**「何のためにそれをするのか」**をまず考える必要があります。この章では、ノートの取り方や本の読み方、記憶法など、個別のテクニックを紹介します。

講義やセミナーで、一心不乱にノートを取っている人をよく見かけますが、ノートを取ることそのものが自己目的化している人が多いように思います。そのノートをあとで読み返している人はどれくらいいるでしょうか。

**取ったノートはあとで使わなければ意味がありません。**読み返す前提でノートを取るということが、まず大事なポイントです。

資格試験の勉強などの講義では、ひたすらノートを取るやり方がいいでしょう。講師が話したことを、細大漏らさず書き留めるようにします。余力があれば、**話が脱線したときの雑談もできるだけ書き残しておきます。**

たいていは講義内容そのものよりも、雑談のほうが面白いものです。その分、印象に残りやすいので、あとで読み返したときに、その部分をきっかけに記憶がつながって、前後の講義内容も鮮明に思い出せることがあります。

**ノートをきれいに取ろうとする必要はありません。**私は、ノートというものは汚くていいと思っています。とにかく速記的に、聞いたことを端から書き取っていきます。あまりにも乱雑で読みにくいようであれば、そこから読み返すためのまとめノートを新たにつくってもいいと思います。

可能であれば、ＩＣレコーダーなどの機器に講義を録音しておくのもいいでしょう。講義の録音を丸ごとすべて聴き返すのは、時間的に難しいかもしれませんが、移動時間などを利用して、細切れでもいいから聴きましょう。

## 使えるノートをつくる

知識や教養を深めるセミナーなどの場合は、ひたすらノートを取るよりも、講師の話にしっかり耳を傾けるようにしたほうが、頭に残りやすいのではないかと思います。その中で、とくに面白いと感じた話や、自分のアウトプットのネタに使えそうな話、仕事に使えそうだと思うポイントなどを、重点的にノートに取っておきます。

いずれの場合でも、もっとも避けるべきなのは、講師が黒板に書いた要点だけをノートに取ることです。あとで読み返したときに、その要点だけを見て内容を理解できることは少ないはずなので、ほぼ無意味です。あとで役に立つ「使えるノート」にすることを意識してください。

# 記憶に残る読書術

## 本は大事なところだけ何度も読む

「若い頃と比べて記憶力が低下した」「本を読んでも内容を忘れてしまう」と嘆く人は多いのですが、そのような人にお尋ねしたいことがあります。

**あなたはここ最近、読んだ本をもう一度読み返したことがありますか？**

たいていの人は、同じ本を2回読むということはしていないと思います。しかし、**1回読んだだけでその内容を覚えられることはまずない**と考えるべきです。

いまよりもずっと「記憶力がよかった」はずの若い頃でさえ、受験勉強のときは参考書を何度も読み返すのはもちろんのこと、チェックマーカーで要点に印をつけたり、ノートに要点を書き写すなどして熱心に読み込んでいたはずです。だからこそ、内容をしっかり覚えることができていたのです。

「時間がないから本を2回も読めない」と思うかもしれませんが、本はまるごと1冊、頭から終わりまで読まなければいけないものではありません。

小説など、ディテールを味わいながら読むべき本は別ですが、知識を得るための本に関しては、**大事なところや、自分にとって必要な情報だけを抽出して読めばいいのです。**たとえば1章分だけ読むということでもいい。その代わり、**その部分だけは何度も読み返すようにします。**

ノートを取ることと同じで、本もただ漫然と読むだけでは意味がありません。あとで使えるように、その本の重要なポイントをしっかり記憶に残すようにすることが大切です。

本はほとんどが1000円前後、高いものでも数千円で手に入るものです。1冊のうち数ページでも自分にとって使える部分があれば、それで十分に元はとれます。むしろ、全部読み切ろうとする時間的なコストのほうがバカになりません。

これは私の仮説であり、多くの脳科学者の仮説でもあるのですが、一定以上の情報量を記憶すると、覚えたことがつながって飛躍的に理解が進む、**記憶の「臨界点（りんかいてん）」**のようなものがあるのではないかと思っています。

ぼんやりとしか理解できていないようなことでも、それに関することをいろいろ覚えているうちに、あるとき急に「わかった」と思えるようになる、という経験をしたことがある人も多いのではないかと思います。

単なる「物知り」からエキスパートのレベルに達する臨界点があって、そこまで蓄積されると記憶が活きてくるのです。だとすれば、自分には理解力がないと思っている人に、もしかしたら記憶の量が足りないだけかもしれません。本を一部熟読するやり方で、効率的に記憶を積み上げていくことも可能なのではと思います。

# インプット力を高める

## 3段階で記憶する

「記憶力をよくするにはどうしたらいいか」ということを考えるには、まず記憶には3つの段階があることを理解しておく必要があります。

1　入力（記銘）…情報をインプットして覚える
2　貯蔵（保持）…覚えたことを忘れずにキープしておく
3　出力（想起）…覚えておいたことを取り出す

この3段階それぞれのレベルを向上させることが、「記憶力をよくする」ことにつながります。順番にお話ししていきましょう。

## ①入力（記銘）

入力には2つのポイントがあります。

まず1つ目が「**理解**」です。人間は、年齢が上がるにつれて単純記憶力は低下していくとされていますが、その反面、**体験や理解を伴う記憶に関しては、記憶力が上がる**と言われています。

基本的に、人間は理解できていることはよく覚えられるし、理解できないことはなかなか覚えられません。したがって、**わからないことは、わかりやすい入門書を読むなどして、まず理解しておく必要があります。**

私が提唱する、数学の答えを覚える「暗記数学」という勉強法について、試してもうまくいかないという人がいます。数学の解法を覚えるということは、英単語などと違って10行ほどにも渡る数式を覚えなければいけないということです。それほどの情報量を、理解せず覚えようとするのは至難の業です。

解法を理解していれば覚えやすく、また、覚えられたということは、理解を伴っているということなので、それを活用することも可能になるのです。

2つ目のポイントは「**アテンション（注意）**」です。自分の注意が向いていることは、よく覚えられます。

アテンションは、自然に向く場合と、意識して向ける場合があります。興味や関心があるものに、自然に注意が向くものを「**インタレスト（興味）**」といいます。つまり、**自分の好きなものはよく覚えられる**ということです。歴史上の人物の名前は覚えられないのに、サッカー選手の名前ならフルネームで覚えられる、などというのはそのわかりやすい例です。

私がもし日本史や世界史が苦手な受験生に勉強させるとしたら、まず歴史もののドラマなどを見せて、興味を持たせてから勉強をさせます。

ドラマはあくまでも歴史を題材にしたフィクションであり、史実に基づかない場面も多々あるため、勉強に使うにはふさわしくないという意見もあります。しかし、それを入り口にしてある程度興味を持ってからのほうが、歴史の教科書や参考書を読んでも面白いと感じられ、覚えやすくなります。

勉強するテーマについて、たとえば漫画で描かれた入門書を読むなどして、少しでも面白みを感じられるようにするということも大事なのです。

とはいえ、資格試験の勉強などでは、面白みを感じていなくても覚えなければいけない、ということもあると思います。

そこでアテンションの第2のポイントとなるのが「**コンセントレーション（集中）**」です。興味がないことに意識して注意を向けると、その集中力を持続させるのはなかなか難しいものです。試験前に、火事場の馬鹿力的に集中力を発揮して、できるだけたくさん覚えるということは不可能ではないかもしれませんが、それはあまり期待しないほうがいいでしょう。

**集中力を上げることは難しいのですが、なるべく落とさないようにすることはでき**

**ます**。集中力が落ちやすくなる状況というのはいろいろあります。たとえば二日酔いのときや、心配ごとがあるとき、不安を感じているときなどです。そういうときは「気もそぞろ」、つまり集中力を欠く状態になりがちです。

集中力を下げないよう、お酒は適量にしておくとか、睡眠をしっかりとる、気がかりなことは解決しておく、たとえば好きな人がいて気もそぞろになっているとしたら、潔く告白して白黒をつけるなどの対処をすることが必要です。集中力が落ちやすくなる状況を防ぐようにしましょう。

## ② 貯蔵（保持）

せっかく入力がうまくいっても、肝心の試験やプレゼンのときに失われていたら意味がありません。**インプットしたものを保持する能力**が重要になります。

覚えたことを長期間とっておく、つまり忘れないために有効なのが、**復習**です。

脳に入ってきた情報は、海馬というメモリーのような場所に一時保存されます。このメモリーの容量はそれほど大きくないので、海馬が必要と判断した情報は、ハードディスクにあたる大脳皮質と呼ばれる場所に送られ、そこで長期間保存されます。そして、それ以外の不要な情報は捨てられます。

それでは、海馬はどんな情報を必要と判断しているのでしょうか。実は比較的単純なメカニズムで、**同じ情報が繰り返し入力されると、海馬はそれを重要なものと判断するとされています。**一方で、待てど暮らせど同じ情報がやってこないと、それほど大事なものではないと判断するとも考えられています。

昔に比べて最近は、電話番号をいくつも覚えているという人は少ないと思いますが、電話をかけるたびに番号を手打ちする必要があった頃は、よく使う番号は自然に覚えていたものです。脳に何度もインプットしていると、電話番号のような数字の羅列でも長期間覚えていることが可能になるのです。

ここで大事なのは、同じ情報がどのタイミングでやってくれば、脳が重要な情報だと判断するのかということです。1年後に同じ情報がやってきても、そのときにはもうすでに、元の情報は捨てられたあとかもしれません。

再入力されるのを脳がどこまで待てるのか。**その期間は、実験によれば30日以内とされています。**

たとえば10桁の数字を覚えても、たいてい翌日にはもう覚えていないものです。しかし、その同じ数字を再び覚えさせられた場合、それが30日以内であれば、最初に覚えたときよりも短時間で覚えられます。30日を過ぎてしまうと、初回と同じだけの時間をかけなければ覚えられません。

そこで、勉強でも30日以内に復習することが重要になります。第1章でお話ししたとおり、翌朝の復習に加えて、週に一度の復習と月に一度の総復習の日を設けておくといいでしょう。

## ③出力（想起）

脳は必要な情報を取捨選択するとき、情報が入力された回数だけでなく、出力された回数でも重要度を判断しています。むしろ出力を重要視していると考えられています。

そのため、**復習するときは、参考書や教科書を読んでただ入力するだけでなく、問題集を解くなどして出力すると、より記憶に残りやすいと言えます。**

少し高級なホテルでは、「和田様、ようこそいらっしゃいました」「和田様、ご希望がありましたら何なりとお申し付けください」というように、スタッフは客に対して名前を呼びながら声を掛けます。これは、丁寧な印象を与えるとともに、頻繁に口に出す＝出力することで客の名前を忘れないようにしているのです。

多くの人は、入力と貯蔵までは比較的熱心なのですが、出力のトレーニングはあまり行っていません。

「問題集を解いて復習する」「覚えたことを人にプレゼンする」「得た知識についてブログに書いてみる」など、**どんな方法でもいいのでアウトプットをすることが肝心です。**

プレゼンが苦手というなら、その練習が必要です。日本の政治家の多くは討論が下

**図7　3段階で記憶する**

## ❶入力（記銘）

■理解ができるレベルのもので勉強する
■興味があるものは覚えやすい
■集中力を落とさない工夫をする

## ❷貯蔵（保持）

■30日以内に復習をする
■復習は３回する

## ❸出力（想起）

■問題集を解く、人に話すなど、入力、
貯蔵した知識をアウトプットする

手だといわれますが、それは討論の練習をしていないからだと思います。所信表明演説にしても、ただ原稿を読むより、何回もリハーサルを繰り返して手ぶりなどを加えられるようになれば、はるかに説得力が増すはずです。**出力はトレーニングによって鍛えることができる**ものだということを、知っておく必要があります。

覚えたことを自分で自分にプレゼンする、「エア授業」を行う人もいると聞きます。それをする場合、必然的に立ち上がって、動きを付けながら行うことになるのではないでしょうか。アウトプットに限らず、勉強は体を動かしながらのほうが、脳が活性化されて記憶や理解が進むとも言われます。机にじっと座って勉強するだけでなく、歩きながら暗誦するなど、「動き」を取り入れてみてもいいでしょう。

## 問題集で脳に定着させる

出力することによって覚えやすくなるということから、**勉強は問題集を使って行うことが効果的**と言えます。

資格試験の勉強などであれば、問題集を解くことは必須です。問題集はレベルに合わせて各種揃っているはずですし、過去の試験問題を集めたものもあるでしょう。

試験は満点を取らなければいけないわけではなく、合格点を取ればいいので、合格点のレベルまで力をつければいいということです。過去問をやってみると、たとえば正答率6割以上が合格の試験で、自分は何割とれるかというということが明確にわかります。過去問は、自分の現在の実力レベルと、合格までにどれくらいのレベルアップが必要なのかということを把握するために役立ちます。

資格試験以外の勉強においても、クイズのようなものでもいいので、何らかの形で問題集になっているテキストを探すといいと思います。

問題集を選ぶ上でのポイントは、**自分のレベルよりも難度が高過ぎず、低過ぎないものを選ぶ**ことです。

自力ですべて解ける問題集をわざわざやる意味はありません。それは明らかにレベルが低過ぎるということです。しかし、問題を自力で解けないだけでなく、答えを読んでも理解できないとしたら、それはレベルが高過ぎると判断すべきです。

問題を自力では解けないものの、答えを読めばわかるレベルの問題集が、もっとも自分の力を上げてくれます。その点に注意して、最適な問題集を選ぶようにしてください。

## 勉強がはかどる場所を見つける

最近、「東大生の半数近くが、自室ではなくリビングで勉強していた」という調査結果が話題になりました。

「リビング学習」が有効とされるのには、いくつか理由があります。まず、リビングは家の中でも比較的明るい場所なので、神経伝達物質のセロトニンが分泌されて不安感が抑えられたり、気分が前向きになりやすいということが考えられます。

また、親や家族の目があると、怠けられないというプレッシャーにもなります。自室で勉強すると、どうしてもパソコンやスマホなどをいじってしまい、気が散りやすいものですが、リビングならそれを避けることができます。

勉強は必ずしも自室にこもって行わなければいけないわけではありません。ずっと同じ場所で勉強していると、飽きてきて効率が下がりやすくなるものです。たまに意識して場所を変えるようにすると、それが刺激になって気分も変わります。煮詰まってきたと感じたらリビングやダイニングなどに移動してみてもいいと思います。お風呂に入りながら暗記ものの勉強をするという手もあります。

自分にとって、勉強がもっともはかどる場所を見つけておくといいでしょう。日当たりや広さなどの関係で、自宅が勉強に不向きだと感じる場合は、図書館や喫茶店など、ここなら勉強しやすいと思えるところを探してみるといいでしょう。

家の外に出て勉強すると、家の中にいるとついかまけてしまう雑務や娯楽を遮断できるという効用もあります。「どこで勉強するか」も含めて、自分に合ったやり方を考えることが大切です。

# 本番で力を出せる3種の神器＋1

①実力、②戦術、③精神力。私はこれを、試験本番で力を発揮するための「3種の神器」と呼んでいます。

さらにここに加えたいのが④ミスらん力。この4つを備えていれば、本番で圧倒的に有利になります。

## ①実力

勘違いされがちですが、「実力がある」ということは、覚えている知識の量が多いことを指すわけではありません。

どんな試験でも、**その試験の合格点を取る力がある＝実力がある**ということです。

自分が受ける試験において、その合格最低点を取れるだけの学力をつけることが大事なのであって、普遍的な学力が必要というわけではないのです。

試験なら合格点を取ること、プレゼンなら相手を納得させることが目標点で、本番までにその目標点に達するだけの力を身につけることが「実力をつける」ことです。

たとえば東大の入試向けの勉強と、早稲田のそれとは違います。偏差値を70まで上げたから大丈夫と油断していると、本番の試験で予想外の難問が出たり、問題は解きやすい代わりに量が多くて処理が追いつかないといったことが起きて、結果的に合格できないという可能性もあります。また、苦手科目の配点が多いために合格点が取れないこともあります。

本番に合った勉強をしていなければ、本番で勝てる実力はつかないということを意識する必要があります。

## ②戦術

たとえば野球がいい例ですが、戦力が同程度のチーム同士の試合であれば、監督の力量が高いほうが勝ちます。

一番は足の速い選手、二番はバントのうまい選手というふうに、能力の使いどころを考えて打順を組む。あるいは相手チームがエース投手を出してくる試合では、あえて自チームのエース投手の起用は見送り、次戦以降に回して手堅く勝ちを狙うといった作戦を立てるのが監督の仕事です。

試験もそれと同じです。満点ではなく合格点を取れればいいので、絶対に解けそうにない問題は捨てて、確実に点が取れそうな問題に時間をかけるとか、苦手な科目の目標点は低く設定する代わりに得意科目で点を稼いで、合計で合格点に達するようにするなどの戦術が立てられるほど有利になります。

その戦術を立てるために取り組むのが過去問です。過去問を研究することで、本番ではどのような順番で問題を解いていくべきかなど、具体的な作戦を考えられます。**本番で勝つには実力だけでなく、それをどう使うかという監督的な能力が必要になるのです。**

## ③ 精神力

本番で不安や緊張にとらわれないようにすることも大切です。

緊張をほぐす方法としてよく挙げられるのが、簡単に解けそうな問題を見つけて、まずひとつ確実に解くことです。投手がまずひとつストライクを取ることで緊張をやわらげるように、**できたという手ごたえを感じられると気持ちが落ち着きます。**

そのほかにも、不安や緊張をほぐす方法はさまざまなものがあります。

- □ お守りでも何でもいいので、「これがあれば大丈夫」と信じられるものを持つ
- □ 笑うと前頭葉の血流がよくなるので、ジョーク集のようなもので本番前に笑っ

ておく

□ 不安や緊張を抑える働きのある神経伝達物質、セロトニンの材料となるトリプトファンは肉類などに多く含まれているので、カツの入った「合格弁当」を食べる

など、いろいろな方法の中から、自分にはこれがよさそうだと思えるものを試してみるといいでしょう。

「これを食べて行った日は調子がいい」「このシャープペンシルを使うと合格する」など、自分の経験から、これは効果があると思えるものがあるなら、それが一番いいでしょう。

試験会場で素敵な異性や、あるいは自分よりも自信のなさそうな人をひとりでも見つけるとほっとする、ということもあるかもしれません。また、勉強と同様に、試験も一緒に受ける仲間がいれば心強いはずです。

## ④ミスらん力

「ミスらん力」とは文字通り、本番で「ミスしない力」、つまりミス対策のことです。

多くの人は、ミス対策というと試験本番でミスをしないように気をつけることや、解答を見直すことを指すと考えます。

しかし、気をつけていない受験者など存在しませんし、解答を見直すつもりがあってもその時間がないことのほうが多いはずです。したがって、それらをミス対策と考えている限りは、ミスは減らないということになります。

まず知っておきたいのは、**ミスは事前対策ができるもの**だということです。事前に過去問を解いたり、模擬試験を受けたときに犯したミスをチェックし、そのミスを繰り返さないようにできる人が、本番に強い人です。

東大名誉教授の畑村洋太郎氏は、『失敗学のすすめ』という本で「失敗は、記録しておかないと再び繰り返す」ということを説かれています。人類が犯したさまざまな失敗を集めて展示する「失敗博物館」をつくれば、人々の失敗防止に役立つとも述べられていて、それは私も同感です。

自分が犯したミスを記録する「ミスらんノート」をつくり、ミスの内容と、どうすればそれを防げたかを書いておくようにすると、自分のミスのパターンと、それを防ぐ方法を把握することができます。

私は以前『ケアレスミスをなくす50の方法』という本で、現役の東大生の協力を得ながら受験生が犯しがちなミスを50個リストアップしました。その50個について対策をしておくだけで、相当有利になるはずだと考えています。

事前にミス対策をしておかないために、知識量は足りているのに合格できないということが起こります。ミス対策として、どんなことができるかを考えられるのが賢い受験者であり、他人から指示された通りに勉強していれば合格できると思っているのは、残念ながら「バカな受験者」です。たとえそれで合格できたとしても、ミス対策を考えていない人は、その後の人生でもミスを犯す可能性が高いと言えるでしょう。

ミス対策に限らず、どんなことにも対処法はあります。それを探そうとしないとすれば、それが何よりの問題だと私は思っています。

# おわりに

『すごい勉強法』というタイトルの割には、ありきたりなことを書いてあるなとか、突飛なことが書かれていないと思った方もいたかもしれません。しかしながら、このやり方を全部実践している人はまずいないでしょうし、復習が大事など、わかっているのにやっていない人も多いでしょう。

**勉強法というのは結果を出すためのものですから、それを実践して初めて意味をもつものです。**

人には個人差があり、試した人全員がうまくいくテクニックや勉強法は存在しません。

たとえば、この本で私がお伝えしてきた方法を試しても、すべての方法で効果を得られるとは限りません。しかし、いくつかはうまくいくものもあるはずです。それで結果的に、少しでも成果が上がればよしと考えるほうがいいと思います。

まず大切なのは、自分を知ることです。そして、自分に合っている方法は取り入れ、合わなければ別の方法を試す。それはごくあたりまえの工夫です。

やり方を工夫したことのない人間は、人生において、それまでのやり方が通用しなくなったとき、そこでつまずくことになります。

うまくできなかったときに、どうやればできるようになるのかを探すことができれば、そのピンチを乗り越えられます。

いいやり方を見つけて勉強すれば、同じ時間勉強するのでも、その効率が2倍や3倍に上がることもあり得ます。やり方しだいで、時間の密度を何倍にもすることができる。それはすなわち、生きている時間を何倍にもできるということです。

密度の薄い生き方をしていたら、これから60年、70年生きるとしても、実質的にはほかの人の10年分ぐらいしか生きられないかもしれません。読書量ひとつとっても、これから60年間に6000冊読む人もいれば、10冊しか読めない人もいるでしょう。

いまの仕事や自分の能力に満足できていない人は、これまで「やり方」を求めてこなかったか、ひとつのやり方を絶対的に正しいと信じ込んでいるけれども、それが自分に合っていないという可能性があります。

まず一度、自分のいまのやり方でいいのかを検証して、変えられるものは変えたほうがいい。そこに早く気づけば気づくほど、残りの人生が充実すると思います。

いまのままで何も変わらない、変えられないと思っている人、あるいは「自分は賢いからこれでいい」と思っている人こそが「バカな人」だと私は思っています。

**昨日よりも今日、今日よりも明日、もっと賢い自分になる。**それを意識して日々を積み重ねていくことで、人生を豊かなものにしていただければと願っています。

2018年4月吉日　和田秀樹

## 和田秀樹（わだ・ひでき）

1960 年大阪市生まれ。1985 年東京大学医学部卒業。
東京大学医学部付属病院精神神経科、老人科、神経内科にて研修、東京大学医学部付属病院精神神経科助手、アメリカ カール・メニンガー精神医学校国際フェローなどを経て、現在、国際医療福祉大学大学院教授（臨床心理学専攻)、川崎幸病院精神科顧問、一橋大学経済学部非常勤講師、和田秀樹こころと体のクリニック（アンチエイジングとエグゼクティブカウンセリングに特化したクリニック）院長、日本映画監督協会理事。
2007 年 12 月劇映画初監督作品『受験のシンデレラ』でモナコ国際映画祭最優秀作品賞受賞、本年８月には第２回作品『「わたし」の人生』( 介護離職をあつかった人間ドラマ、秋吉久美子、橋爪功主演 ) 公開、モナコ国際映画祭で、人道的作品監督賞など４冠を受賞する。最新作『私は絶対許さない』はノイダ国際映画祭で審査員特別賞を受賞。
『テレビの大罪』（新潮新書)、『定年後の勉強法』（ちくま新書)、『受験学力』（集英社新書)、『大人のための勉強法』（ＰＨＰ新書)、『感情的にならない本』( 新講社 ) など 600 冊を超える著書がある。翻訳書に『「あいだ」の空間――精神分析の第三主体』（トマス・オグデン著、新評論)、『トラウマの精神分析』（ロバート・ストロロウ著、岩崎学術出版社)、『認知症の人を愛すること』（ポーリン・ボス著、誠信書房）などがある。

編集協力／堀江令子
ブックデザイン／小口翔平＋三森健太＋深澤祐樹（tobufune）
DTP・図制作／横内俊彦

精神科医が教える
# すごい勉強法

2018年4月24日　初版発行
2018年5月2日　2刷発行

著　者　和田秀樹
発行者　野村直克
発行所　総合法令出版株式会社
〒103-0001 東京都中央区日本橋小伝馬町 15-18
ユニゾ小伝馬町ビル9階
電話　03-5623-5121
印刷・製本　中央精版印刷株式会社

落丁・乱丁本はお取替えいたします。

ISBN 978-4-86280-614-7
総合法令出版ホームページ　http://www.horei.com/